19,80 10,– 2,–

wissen & praxis 17

Manfred Berger
Sexualerziehung im Kindergarten

Über dieses Buch:

Manfred Berger thematisiert die zentrale Bedeutung der Sexualerziehung in der Institution Kindergarten. Nach einer systematischen Beschreibung der sexuellen Entwicklung des Vorschulkindes stellt der Autor die Ergebnisse einer eigenen empirischen Untersuchung vor. Ihr Ergebnis: trotz der „sexuellen Revolution" der letzten Jahrzehnte wird die kindliche Sexualität in den meisten Kindergärten weiterhin tabuisiert, und die sich ausbreitende Angst vor AIDS bedroht selbst kleine Fortschritte.

Mit detaillierten praktischen Vorschlägen. Eine wichtige Hilfe für Erzieherinnen und Erzieher in der alltäglichen Arbeit mit Kindern und deren Eltern.

Über den Autor:

Manfred Berger, geboren 1944, freiberuflich in der Aus- und Fortbildung sowie Beratung von sozialpädagogischen Fachkräften tätig. Ausbildung zum Starkstromtechniker. Erzieher. Dipl. Päd., Dipl. Sozialpäd., Dipl. Heilpäd., Supervisor. Zahlreiche Veröffentlichungen in Fachzeitschriften.

Manfred Berger

Sexualerziehung im Kindergarten

Mit einem Vorwort von Klaus Schüttler-Janikulla

Brandes & Apsel

Auf Wunsch informieren wir regelmäßig über das Verlagsprogramm.
Eine Postkarte an den Brandes & Apsel Verlag,
Nassauer Str. 1-3, D–6000 Frankfurt a. M. 50, genügt.

Die Deutsche Bibliothek – CIP-Einheitsaufnahme

Berger, Manfred:
Sexualerziehung im Kindergarten / Manfred Berger.
Frankfurt (Main) : Brandes & Apsel, 1988
(Wissen & [und] Praxis ; 17)
ISBN 3-925798-37-4
NE:GT

3. Auflage 1992

wissen & praxis 17

Umschlaggestaltung: Volkhard Brandes unter Verwendung einer vom Autor zur Verfügung gestellten Kinderzeichnung
Druck: F. M. Druck, Karben
Gedruckt auf säurefreiem, chlorfrei gebleichtem und alterungsbeständigem Papier

ISBN 3-925798-37-4

Inhalt

Vorwort

„Sexualerziehung im Kindergarten" lautet der Titel dieses (notwendigen) Buches. „Sexualerziehung (schon) im Kindergarten?" so fragen auch heute noch oder wieder besorgte Eltern oder verunsicherte Pädagogen. Und wie die empirische Untersuchung von Manfred Berger zeigt, geschieht dies gar nicht selten, denn die eigentlich selbstverständlich erscheinende Annahme, „die in den Kindergärten tätigen Erzieherinnen wären der kindlichen Sexualität gegenüber offener und liberaler eingestellt, hat sich nicht bestätigt." (S. 57) Ja, es gibt tatsächlich die (möglicherweise folgenschwere) irrtümliche Meinung, im Zeitalter der Aidsgefahr wären Fragen, Explorationen, Meinungen und Vorschläge zur Sexualerziehung im Vorschulalter nicht mehr nötig. Aber das Gegenteil ist richtig: Mehr denn je erweist sich heute – auch aus Gründen der Prophylaxe – eine überlegte, geplante, gezielte und reflektierte Sexualerziehung für notwendig. Daß dabei der Schritt von der sexuellen „Aufklärung" über die „Sexualerziehung" zur Entwicklung der „Liebesfähigkeit" im weitesten Sinne konsequent gegangen wird, ist einer der Gründe, weshalb das vorliegende Buch als das Standardwerk der Kindergartenpädagogik zur Sexualerziehung bezeichnet werden kann. Aber es gibt der Gründe dafür noch weitere: Über die bisher angestellten (vagen und oft unzutreffenden) Vermutungen hinaus erfährt man durch die von Manfred Berger durchgeführten Befragungen, wie (unzulänglich) bisher Sexualerziehung im Vorschulalter gehandhabt wird und welche Haltungen die Erziehenden dazu einnehmen. Der Verfasser bleibt jedoch nicht beim Sichten, Sammeln und bloßem Theoretisieren stehen, sondern legt mit seinen Vorschlägen zur „rollenoffeneren Geschlechtserziehung" ein Konzept vor, das sich in Kindergärten, Vorschuleinrichtungen und im Elternhaus wirklich realisieren läßt, weil es kindgerecht, entwicklungsangemessen und gesellschaftsbezogen zeitgemäß ist.

Konkrete Vorschläge für konkretes Handeln in einem Feld, das von konkreter Gegenwartsaktualität ist (als Stichworte dazu seien genannt: Sexualisierung unserer Umwelt und der Massenmedien, die

Aidsproblematik, das Leben heutzutage und überhaupt), dies alles macht den Wert der „Sexualerziehung im Kindergarten“ aus.

Möge daher das Buch jede Leserin, jeden Leser veranlassen, sich Gedanken zu machen, wie sie/er zur Sexualität im allgemeinen wie auch in ihrem/seinem eigenen Bereich steht, wie sie/er mit Sexualität selbst umgeht und wie sie/er sich kompetenter macht, Kinder so zu erziehen, daß sie ihre Liebesfähigkeit voll entwickeln und in ihren Beziehungen realisieren können.

Berlin im April 1988. Klaus Schüttler-Janikulla

1. Einleitung

Wer es „wagt", über Sexualerziehung im Kindergarten zu schreiben, begibt sich auf einen gefährlichen Pfad, ist angreifbar, weil er an ein Thema rührt, das noch immer verhältnismäßig tabuisiert ist, zumal es sich bei Sexualität um einen sehr persönlichen Bereich handelt. Des weiteren kommt erschwerend hinzu, daß es kein stimmiges Bild vom Stellenwert der Sexualerziehung in unserer Gesellschaft gibt, so daß diesbezüglich die unterschiedlichsten Moralbegriffe einfließen.

Wer in der heutigen Fachliteratur nach Beiträgen zum Thema „Sexualerziehung im Kindergarten" sucht, wird spätestens dann feststellen, welchen Bereich der Problematik die pädagogisch-bildungstheoretische Diskussion um die Vorschulerziehung „stiefmütterlich" bis überhaupt nicht behandelt hat. Es ist wohl kaum anzunehmen, daß diese Lücke in absehbarer Zeit geschlossen werden könnte.

Der Blick in die Kindergartenpraxis belegt, wie wenig Beachtung die Sexualerziehung findet. N. Huppertz (1984, S. 37f) kommt diesbezüglich zu folgenden Vermutungen:

„1. Es scheint so zu sein, als werde im geringsten Teil der Kindergärten gezielt und fachlich fundiert Sexualerziehung durchgeführt, was bedeuten würde, daß die Sexualerziehung ihren konzeptionellen Standort im Programm des Kindergartens hätte wie andere Bereiche auch, und daß dazu Angebote, Vorhaben o.ä. erfolgten.

2. Der weitaus größte Teil unserer Kindergärten realisiert eine Sexualerziehung, die man als ‚toleriert' bezeichnen könnte, was heißt, daß z.B. entsprechende Rollenspiele wie ‚Familie', teils auch ‚Doktorspiele', zugelassen werden, und daß die Erzieher bei gegebenem Anlaß und entsprechender Situation auf die Fragen der Kinder antworten und Auskunft geben. Es ist zu vermuten, daß die meisten gegebenen Antworten durchaus realistisch sind.

3. In einem nicht geringen Teil unserer Kindergärten dürfte aber eine noch eher unterdrückende Sexualerziehung stattfinden; eine Erziehung also, die nicht nur keine Aktivitätsangebote mit entsprechen-

den Informationen macht und nicht auf Fragen der Kinder ausführlich eingeht, sondern auch Interesse daran zeigt, den Sexualbereich aus dem Kindergarten überhaupt herauszuhalten und entsprechende Fragen und Spiele der Kinder zu vermeiden. Es ist anzunehmen, daß diese Erziehung einen Schaden anrichtet, über dessen Ausmaß wir noch nicht genügend Informationen haben."

Auch W. Grossmann (1987, S. 94) beklagt das Fehlen methodischer und didaktischer Hilfen für die Erzieher/innen im Vorschulbereich:

„Obgleich im allgemeinen Fragen der Sexualerziehung in den vergangenen Jahren mit größerer Offenheit diskutiert wurden und zahlreiche Veröffentlichungen zur Sexualerziehung der mittleren Kindheit und des Jugendlichen vorliegen, fehlen methodische und didaktische Hilfen für den Kleinkinderzieher fast gänzlich. Das führt dazu, daß bei Erzieherinnen große Unsicherheit besteht, wie sie auf die Äußerungen kindlicher Sexualität reagieren sollen ... Jedoch wird in den öffentlichen Kindergärten ... die Sexualität des Kindes nur begrenzt akzeptiert, und in vielen Einrichtungen wird z. B. Nacktheit nicht geduldet."

Eine empirische Untersuchung, auf die später noch ausführlicher eingegangen wird, zeigt, wie sehr die Sexualerziehung in der Praxis vernachlässigt wird und es damit massive Probleme gibt: Eltern, Träger und Kollegen sind oft entschieden gegen eine Sexualerziehung im Kindergarten. Sie sind der Meinung, das wäre Angelegenheit der Familie. So meinte beispielsweise eine Erzieherin:

„Da alle Geschlechtserziehung Intimpädagogik ist, bin ich der festen Ansicht, daß Sexualerziehung primär Sache des Elternhauses ist und darum nicht vom Kindergarten aus durchgeführt werden soll."

Diese Meinung ist sicher richtig. Genauso richtig aber ist m. E. die Ansicht, daß Sexualerziehung Bestandteil der Kindergartenpädagogik ist. Bedenken wir doch: Die menschliche Sexualität ist im Zuge ihrer Vermarktung immer stärker aus dem privaten intimen Bereich in den Blickpunkt der Öffentlichkeit geraten. Diesen Sachverhalt formuliert der Psychologe K. Schüttler-Janikulla (1971, S. 272) so:

„Unsere Umwelt ist heute in vielen Bereichen sexuell orientiert, ja sogar sexualisiert (z. B. bestimmte Arten des Konsumverhaltens, der Werbung, der allgemeinen Stimulation). Viele Tabus sind gefallen. Die Begegnung der Menschen ist im sexuellen Bereich durch weniger Hemmungen gekennzeichnet. Die Massenmedien wie Fernsehen,

Film und Presse bedienen sich nur allzu gern des Sexualbereichs und seiner Symbolik, und innerhalb des Konsums stehen Genuß und Streben nach Lust in jeder Form mit an vorrangiger Stelle. Natürlich erleben unsere Kinder (auch unsere Vorschulkinder!) diesen Trend mehr oder weniger bewußt mit. Wem entgeht schon die Reklame an der Litfaßsäule mit ihren zweideutig-eindeutigen Bildern, wer sieht nicht die Titelbilder der Illustrierten mit ihrem sexuell bestimmten Aufforderungscharakter, und welches Kind erlebt nicht bei den eigenen Eltern diese gegenüber früher andere Haltung im Sexualbereich? Hier dürfte es also wenig Zweck haben, an Scheuklappen beim Kind zu glauben, darauf zu hoffen, daß man bestimmte Bereiche skotomisieren oder das Kind zum Informationsverzicht zwingen könnte. Es wäre, so meinen wir, weltfremd und keine angemessene Vorbereitung des Kindes auf zukünftige Lebenssituationen, würde man Sexualerziehung vor sich herschieben, etwa bis zu einem Zeitpunkt, den man früher für legitim hielt, Kinder ‚aufzuklären'."

Diese, von K. Schüttler-Janikulla angesprochene Tatsache allein rechtfertigt bereits, daß Sexualerziehung in öffentlichen Einrichtungen, also auch bereits im Kindergarten, verstärkt berücksichtigt werden sollte.

Daß Sexualerziehung im Kindergarten nicht in ausreichendem Maße stattfindet, begründet N. Huppertz (1984, S. 38) mit folgenden Annahmen:

„a) Die Kenntnis der frühkindlichen Sexualität ist wohl keineswegs allgemein verbreitet.

b) Auch die Ausbildung der Erzieher vernachlässigt diesen Bereich weitgehend: Fortbildungsangebote über Sexualerziehung muß man mit der Lupe suchen.

c) Ein Grund ist auch die Elternschaft, die teils ‚Sexualaufklärung' für sich beansprucht. (‚Im Kindergarten soll das Kind etwas lernen.')

d) Die Träger der Kindergärten sind größtenteils konfessionell, und hier wirkt sich wahrscheinlich das lange Zeit gestörte Verhältnis des Christentums zu Leib und Geschlechtlichkeit aus.

e) Geschichtlich betrachtet muß man aber bedenken, daß der Kindergarten ursprünglich als caritativ-rettende Einrichtung gedacht war.

f) Man darf aber auch nicht vergessen, daß der Kindergarten sich in einer Gesellschaft befindet, die insgesamt in Sachen Sexualerziehung noch nicht weit genug ist."

Die Wissenschaftler und Praktiker, die sich mit der Sexualität des Menschen, insbesondere mit der frühkindlichen Sexualität befassen, sind sich einig darüber, daß Sexualerziehung in das ganze Erziehungskonzept des Kindergartens einbezogen werden soll und nicht losgelöst vom übrigen Leben des Kindes und der Gruppengemeinschaft erfolgen kann. Das heißt: Wenn der/die Erzieher/in die Kinder zu mehr Selbständigkeit führt, wenn er/sie Kinderfreundschaften unterstützt, wenn er/sie gegenseitige Rücksichtnahme und Toleranz im Blickpunkt seines/ihres pädagogischen Interesses hat, wenn er/sie Kreisspiele, Tastspiele, Fingerspiele, Rollenspiele und ähnliches mit den Kindern spielt, dann findet Sexualerziehung ebenso statt, wie wenn nötiges Sachwissen über sexuelle Vorgänge vermittelt oder „didaktische Einheiten" zur Sexualität durchgeführt werden. Sexualerziehung kann letztlich nur im Rahmen einer Gesamterziehung gesehen werden. Alles, was mit Geschlechtlichkeit zu tun hat, muß darum in eine umfassende Persönlichkeitsbildung und -erziehung eingebettet sein und an den allgemeinen Erziehungszielen des Kindergartens gemessen werden.

Wenn ich hier die Sexualerziehung doch eher isoliert betrachte, so deshalb, um einen schärferen Blick für kindliche (sexuelle) Verhaltensweisen zu bekommen, aber auch, weil noch immer kein die Sexualerziehung einschließendes Konzept der Persönlichkeitsbildung und -erziehung vorliegt. Bedingt durch diese „Isolierung" entsteht vielleicht bei mancher Leserin und manchem Leser der Eindruck, ich würde hier, insbesondere was die pädagogischen Folgerungen betrifft, das Konzept der „animierenden Sexualerziehung" vertreten, die Kinder zu sexuellen Aktivitäten untereinander anleitet. Dem ist nicht so: Die von mir dargelegten Vorschläge für die Praxis sind als Anregungen zu verstehen, die immer situativ in das Kindergartengeschehen eingebaut werden müssen und so Teil der Gesamterziehung sind.

Ferner ist der Hinweis nötig, daß die vorliegende Arbeit nicht den Anspruch auf wissenschaftliche Ausgewogenheit und Vollständigkeit erstrebt und keine alle Aspekte bedenkende pädagogische, psychologische, soziologische und moraltheologische Untersuchung ist. Es handelt sich mehr um Aspekte, Überlegungen und Vorschläge, getragen von der Absicht, Denkanstöße zu geben, Untersuchungen und Auseinandersetzungen in Gang zu bringen und einen größeren Erfahrungsaustausch in Bewegung zu setzen.

Vorliegendes Buch umfaßt im wesentlichen folgende Abschnitte:

Zuerst werden die Einstellungen zur Kindersexualität in Gegenwart und Vergangenheit aufgezeigt. Es wird ersichtlich, daß kindliche Sexualäußerungen in früheren Zeiten durchaus nicht als Problem angesehen wurden. Heute scheint die frühkindliche Sexualität kaum beachtet zu werden, da man bisher seitens der Trägerverbände nicht bereit war, dem Kindergarten einen differenzierten pädagogischen Auftrag hinsichtlich der Sexualerziehung zuzuweisen. Theoretische und praktische Aufsätze, die in einschlägigen Fachzeitschriften erscheinen, sind kaum vorhanden. Wagt sich doch einmal jemand an dieses Thema heran, behandelt man die Verfasser nicht gerade freundlich, wie die Auseinandersetzung um den Artikel „Mein Körper – dein Körper. Erziehung zur Zärtlichkeit im Kindergarten", von H. Wichert (1981, S. 32ff), in der Fachzeitschrift „Welt des Kindes" (1981, S. 17) belegt.

Tritt das Kind in den Kindergarten ein, hat es bereits eine beachtliche Entwicklung hinter sich, auch hinsichtlich seiner Sexualität. Das in den Kindergarten kommende Kind ist diesbezüglich kein unbeschriebenes Blatt mehr. Für die sexuelle Entfaltung sind die ersten Lebensjahre von außerordentlicher Bedeutung. Eine Fülle insbesondere psychoanalytischer Literatur bringt uns dafür mancherlei Bestätigung. Darum wird im zweiten Abschnitt, wenn auch nur skizzenhaft, die psychosexuelle Entwicklung des Kindes von der Geburt bis zur sog. Latenzphase erörtert. Hierbei werden nur einige typische Konflikt- und Erfahrungsmöglichkeiten angedeutet.

Der dritte Teil zeigt anhand einer von mir durchgeführten Fragebogenuntersuchung auf, wie sehr kindliche Sexualäußerungen im Kindergarten überwiegend tabuisiert werden und von den in den Kindergärten tätigen Erzieher/innen nicht von vornherein eine sexualfreundliche Haltung und Erziehung zu erwarten ist.

Abschließend werden noch praktische Überlegungen und Vorschläge gemacht und Möglichkeiten aufgezeigt, wie im Kindergarten Sexualerziehung, die nur im Rahmen der Gesamterziehung zu sehen ist, verwirklicht, gefördert und unterstützt werden kann. Die hier vorgeschlagenen Anregungen, Spiele und Projekte sind so breit angelegt, daß die einzelnen Einrichtungen das auswählen können, was ihnen sinnvoll und machbar erscheint. Es gilt nicht: Je mehr Aktivitäten, desto besser, es kommt vielmehr auf die Qualität der Aktivitäten an.

2. Sexualerziehung in Vergangenheit und Gegenwart

Inzwischen liegen genügend Quellen vor, die belegen, daß kindliche Sexualität für die Erwachsenen nicht immer und nicht notwendig ein „Problembereich" gewesen ist (vgl. D. Elschenbroich 1977; J. v. Ussel 1970). Mit Beginn des „Zivilisationsprozesses" seit dem 16. Jahrhundert veränderten sich, bedingt durch fortschreitende Rationalisierung, „alle Lebensvollzüge" der Menschen:

„Alle Lebensvollzüge werden von einer rasch voranschreitenden Rationalisierung erfaßt, die zwischenmenschlichen Beziehungen werden von immer sensibler reagierenden Scham- und Peinlichkeitsempfindungen bestimmt, und das Verhalten des einzelnen wird nicht mehr von äußeren Zwängen, sondern von einem Zwangsmechanismus in seinem Inneren reguliert. Das Fortschreiten dieses Prozesses ist am deutlichsten daran zu erkennen, daß direkte körperliche Beziehungen immer mehr aus der Lebensrealität verschwinden und von einem Organ der Lust und des Leidens umgebaut wird zu einem möglichst gefühllosen Leistungsinstrument." (H. Kentler 1979, S. 16 f)

Eine deutlich ablehnende Haltung gegenüber der Sexualität und insbesondere der Kindersexualität entwickelte sich – so L. Schuh-Gademann – im 18. Jahrhundert:

„Die Distanz zwischen den Eltern und Kindern wuchs, indem man den Kindern einen Eigenbereich schuf und sie lehrte, wie sie sich als Kinder zu verhalten haben und wie nicht. Damit entstand das Problem der Sexualität und der Sexualerziehung." (L. Schuh-Gademann 1972, S. 14)

Man war der Ansicht, das Kind müsse vor verderblichen Lüsten geschützt werden. Sexualität wurde im christlich-abendländischen Kulturbereich als verderbliche Lust interpretiert, als dunkler Trieb, der den Menschen und die soziale Ordnung nur negativ beeinträchtige und kulturelle Leistungen verhindere. Viele (christliche) Pädagogen (also Männer) waren bemüht, sich mit dem sündigen Trieb der Kinder zu befassen und Ratschläge für den richtigen Umgang mit der kindlichen Sexualität zu erarbeiten. Welchen psychischen Verstümmelungen die Kinder ausgesetzt wurden, ist in den neuesten Publikationen über die Geschichte der Kindheit unschwer nachzulesen. (vgl. Ph. Aries 1960; D. Elschenbroich 1977; L. de Mause 1974; J. v. Ussel 1970)

Der Blick in die Vergangenheit zeigt, daß man fast ausschließlich über die sexuellen Regungen der Knaben schrieb; Mädchen erschienen als a-sexuelle Wesen.

S. Freud, der Begründer der Psychoanalyse, brach das Tabu von der „Unschuld des Kindes". Er vertrat die Ansicht, daß bereits Kinder ein Sexualleben haben:

„Daß Kinder kein Sexualleben – sexuelle Regungen, Bedürfnisse und eine Art der Befriedigung – haben, sondern es plötzlich zwischen 12 und 14 Jahren bekommen sollten, wäre – von allen Beobachtungen abgesehen – biologisch ebenso unwahrscheinlich, ja unsinnig, wie daß sie keine Genitalien mit auf die Welt brächten und sie ihnen erst um die Zeit der Pubertät wüchsen." (S. Freud 1969, S. 321)

Der Begriff der Sexualität wurde von S. Freud wesentlich erweiterter betrachtet. Er löste die Sexualität aus der engen Gebundenheit an die Geschlechtsorgane. Sexuell sind für ihn alle lustvollen Erfahrungen und Verhaltensweisen, die sich in der menschlichen Entwicklung vom Säugling bis zum Erwachsenenalter als Bestandteile und Vorläufer der Erwachsenensexualität erweisen, also etwa das Daumenlutschen des Säuglings, die Schmutzlust oder die lustvolle Manipulation der Genitalien im Kleinkindalter.

Der Begründer der Psychoanalyse beeinflußte mit seiner Sexualtheorie viele Pädagogen und Pädagoginnen. Stellvertretend für viele seien an dieser Stelle S. Bernfeld, W. Schmidt, N. Wolffheim und S. Isaacs genannt.

S. Bernfeld sah in den „Storchenmärchen" einen Beleg für die Tatsache, daß man schon immer um die kindliche Sexualität gewußt hat. Diesbezüglich vermerkte er:

„Daß es ein Storchenmärchen überhaupt gibt, beweist, daß man schon immer bemerkt hatte, wie die Kinder in einem sehr frühen Alter für Fragen, die sexuellen Inhalts sind, Interesse zeigen, und zwar ein Interesse, das nicht zufällig und nebensächlich ist; denn es erwies sich als unstillbar durch Antworten, wie etwa die wäre: ‚Wenn du größer sein wirst, wirst du die Sache verstehen'. Die Kinder forderten hartnäckig eine Antwort, und daher erfand man ihnen das Märchen. Die

Wahrheit mochte man nicht sagen, angeblich, weil sie die Kinder nicht verstünden, aber man hatte die Probe gar nicht gemacht. Verstünden die Kinder die Wahrheit nicht, so könnte man sie ihnen getrost sagen; dann würden sie von selbst einsehen, daß hier ein Problem vorliegt, das für sie erst später reif wird. Man verschwieg die Wahrheit, weil man wußte, die Kinder würden sie verstehen, und eben dies verhindern wollte." (S. Bernfeld 1969, S. 80)

W. Schmidt gründete 1921 in Moskau das „Kinderheim-Laboratorium" (KHL), ein Heim für Kinder von 1 bis 5 Jahren. Im KHL wurde nach psychoanalytischen Grundsätzen erzogen. Die Erzieherinnen gingen mit Liebkosungen und Zärtlichkeiten gegenüber den Kindern sparsam und kontrolliert um. Stürmische Liebesäußerungen der Erwachsenen, die das Kind nur erregen würden, waren im KHL streng untersagt, da sie nach Ansicht von W. Schmidt mehr der Befriedigung des Erwachsenen als dem Bedürfnis des Kindes dienten.

Über die sexuelle Erziehung der Kinder im KHL schrieb W. Schmidt (1927, S. 153 f) u.a.:

„In diesem Kinderheime bemühten sich die Pädagogen, normale Wege der sexuellen Erziehung der Kinder zu finden. Es ist selbstverständlich, daß die Onaniefrage in der ersten Reihe stand. Die Kinder traten in das Heim im Alter von ein bis eineinhalb Jahren ein und blieben dort drei Jahre lang. Die sexuellen Erscheinungen der Kinder waren für die Erzieherinnen etwas ganz normales, physiologisch Gesetzmäßiges. Gegen das Physiologische des Kindes kann man nicht kämpfen, man kann nur seine Erscheinungen erziehen. Die pädagogischen Maßnahmen wurden also auf diesem Fundamente aufgebaut. Man erleichterte dem Kinde durch die pädagogische Umwelt die Sublimierung seiner Triebe und den Übergang auf die höhere Stufe der psychosexuellen Entwicklung. Die Erzieherinnen sollten ganz ruhig sein, wenn die Kinder etwas – ihrer Meinung nach – Unanständiges oder Abscheuliches machten. Denn affektive Reaktionen des Pädagogen (oder der Eltern) hindern ihn, das kindliche Benehmen zu verstehen und richtig zu behandeln. Dank dieser Regel wußten die Kinder nicht, daß die Onanie etwas Schändliches, etwas Verbotenes sei. Sie onanierten vor den Erzieherinnen ohne Scheu und Angst."

Diese Freizügigkeit und Toleranz gegenüber der kindlichen Sexualität hatte für die pädagogische Arbeit im KHL folgende zwei Vorzüge:

„1. Die Beziehungen der Kinder zu den Erzieherinnen gründeten sich auf großes Vertrauen. Die Kinder brauchten nicht zu lügen und hatten keine Angst und kein Schuldgefühl.

2. Die Erzieherinnen hatten nicht nur die Möglichkeit, *das ganze Benehmen* der Kinder zu beobachten, sondern auch die Möglichkeit, richtig zu erziehen.“ (ebd., S. 154)

Revolutionär waren W. Schmidts Gedanken zum zweiten und dritten Lebensjahr. In Anlehnung an S. Freuds Phaseneinteilung der psychosexuellen Entwicklung ist die Pädagogin der Ansicht, daß sich die Kinder in diesem Lebensabschnitt für ihre eigenen Exkremente, wie auch für die Exkremente der anderen Kinder und der Haustiere interessieren. W. Schmidt (o. J., S. 14) formulierte:

„Sie (die Kinder; M. B.) lernten den Kot der verschiedenen Tiere voneinander zu unterscheiden, fragten, warum die Tiere auf den Boden und nicht ins Töpfchen machten, warum ihr Kot anders aussehe und anderes mehr. In der Zeit zwischen drei und dreieinhalb Jahren trat das Interesse für den Geruch der Exkremente auf. Dieser Geruch wird von den Kindern mit wenigen Ausnahmen nicht als unangenehm empfunden und ruft noch kein Gefühl von Widerwillen hervor. Es kommt vor, daß die Kinder bei der Mahlzeit ein Gericht scherzhaft als ‚Kaka‘ bezeichnen und dann mit doppeltem Appetit verzehren. Das Beschmutzen mit dem eigenen Kot kommt nach dem Alter von zweieinhalb Jahren kaum vor ... Am Anfang des Jahres (mit zwei bis drei Jahren) fingen die Kinder an, den Vorgang der Darmentleerung beieinander zu beobachten. Gelegenheit dazu gaben die Spaziergänge, auf denen die Bedürfnisse häufig im Freien verrichtet werden mußten. Die Kinder pflegten sich dabei oft so zu stellen, daß sie von hinten beobachten konnten und freuten sich alle miteinander beim Erscheinen der Kotsäule.“

In England vertrat S. Isaacs die psychoanalytische Theorie und setzte diese als Leiterin der „Malting House School“ in Cambridge um. In ihrem 1929 zum ersten Mal erschienen und in den folgenden vierzig Jahren über zwanzig Mal neu aufgelegten Buch „The Nursery Years“ belegt sie anschaulich die Bedeutung der vorschulischen Erziehung für das spätere Verhalten eines Menschen. Im genannten Buch beschreibt die Autorin die psycho-sexuelle Entwicklung des Kindes und belegt diese durch eine Vielzahl von Praxisbeispielen. Von folgenden

Grundannahmen hinsichtlich der kindlichen Sexualität geht die englische Kinderpsychologin aus:

„1. Das Sexualleben beginnt mit dem Augenblick der Geburt; bereits das Neugeborene hat ‚machtvolle Wünsche, Gefühle und Phantasien'.

2. Unter kindlicher Sexualität ist nicht die Sexualität im üblichen Sinne zu verstehen, die den Sexualtrieb unter der genitalen Vorherrschaft sieht. Die kindliche Sexualität ist eine prägenitale Sexualität und konstituiert sich aus verschiedenen Partialtrieben, die sich zeitlich nacheinander entwickeln und erst mit Abschluß der Latenzzeit unter das Genitalprimat gestellt werden.

3. Der sexuelle Lustgewinn und die Triebbefriedigung sind in den ersten Lebensjahren noch nicht in die Richtung der Liebesbeziehung zwischen Erwachsenen ‚kanalisiert', sie sind autoerotisch, und noch eng mit der allgemeinen Bedürfnisbefriedigung und emotionalen Bindungen verbunden."(S. Isaacs 1971, S. 16)

In Deutschland vertrat in den zwanziger Jahren dieses Jahrhunderts die Berliner Kindergärtnerin N. Wolffheim die Erkenntnisse der Psychoanalyse. Ihren bereits 1914 in Berlin gegründeten Privatkindergarten stellte sie 1921 auf das psychoanalytische Konzept um. Für sie ist die ödipale Phase die Blütezeit frühkindlicher Sexualität, und ihre Äußerungen sind in einem Kindergarten, der die Sexualität der Kinder nicht unterdrückt und tabuisiert, zu erwarten. Die Diskrepanz zwischen der Offenheit eines psychoanalytisch geführten Kindergartens und repressiver familiärer Sexualerziehung führte zu Schwierigkeiten. Auf die rigiden Einstellungen der Eltern gegenüber der Kindersexualität nahm N. Wolffheim Rücksicht. Sie sah deshalb das Primat der Sexualerziehung im Kindergarten in der Elternaufklärung:

„Elternaufklärung ist meist wichtiger als ‚Aufklärung' des Kindes. Nur die richtige Belehrung der Eltern kann uns die wünschenswerte Freiheit dem Kinde gegenüber verschaffen."(N. Wolffheim 1973, S. 119).

Die verbreiteten „Doktorspiele" sah die Berliner Kindergärtnerin zwar als typische Erscheinung dieser Altersstufe, versuchte aber dennoch, die Kinder von diesen Spielen mit folgender Begründung abzulenken:

„Da man nie wissen kann, ob der eine (passive) Teil nicht einen erstmaligen und heftigen Reiz erhält, dessen Tragweite wir im Einzelfall nicht übersehen können, werden wir gut tun, auch im Interesse einer Realitätsanpassung des Kindes solchen Spielereien entgegenzuwirken." (ebd., S. 122)

N. Wolffheim führt viele Beispiele kindlicher Sexualität an, die anschaulich illustrieren, was unter Kindersexualität zu verstehen ist, wie folgende Auswahl aufzeigt:

„Tom (5 Jahre) bemerkte auf einem Spaziergang an einem Baum Hundekot. Er wies erfreut-interessiert darauf hin, umtanzte schließlich den Baum, während er immer wieder das Wort ‚Aa' ausstieß. Er wiederholte an diesem Tage bei jedem Baum, wo er Hundekot entdecken konnte, seinen Freudentanz. – Rita (5 Jahre) weigerte sich, sich bei der Gymnastik auf den Boden zu setzen. Mütterlichen Ermahnungen eingedenk, erklärte sie: ‚Das darf man doch nicht. Da ist es doch schmutzig.' Nach wenigen Augenblicken: ‚Ich tue es doch', und strahlend fortfahrend: ‚Schmutz ist doch schön!' – Annie (4 Jahre) liebte es sehr, da man sie nicht hereinließ, durch eine Bretterritze in das ländliche Klosett zu sehen, wenn es benutzt wurde. Und die dreijährige Gerda ging mit größtem Vergnügen in das nämliche Klosett, hob immer wieder den Deckel auf, schaute hinein und zog den Geruch durch die Nase. – Da man Fred (3 Jahre) zu Hause gesagt hatte, er dürfe im Kindergarten keine ‚schlimmen Ausdrücke' sagen, ging er vor dem Fortgehen an seine Großmutter heran und flüsterte ihr das ganze Register der bei ihm beliebten Worte ins Ohr. Dann sagte er befriedigt: ‚Nun brauche ich im Kindergarten nicht zu „schimpfen".' Derselbe Junge hatte die Eigentümlichkeit, wenn ihm etwas besonderes gefiel, zu sagen, es stinke. Da die Mutter mich darauf aufmerksam gemacht hatte, war ich nicht erstaunt, als der Kleine beim ersten Frühstück im Kindergarten ausrief: ‚Hier stinkt's.' ...

Dem fünfjährigen Peter war zu Hause der Gebrauch analer Wörter aufs strengste untersagt. Er benutzte eine günstige Gelegenheit im Kindergarten, zog sich allein in eine Ecke zurück und tat nichts als immer wieder und mit sichtlichem Vergnügen die zu Hause verbotenen Wörter auszusprechen. – Wir müssen auch hier wie ja bei so manchen Verhaltensweisen der Kinder, annehmen, daß sich sehr vieles von selbst oder durch den allgemeinen Umwelteinfluß geben wird, können also unbesorgt solchen Äußerungsformen kindlicher Triebkräfte zusehen ...

Ein aus sexuellen Triebkräften erwachsendes Verhalten der Kinder äußert sich in den von mir mehrfach beobachteten erotisch gefärbten

Freundschaften, die sich im Kindergarten anspinnen. Solche Freundschaften scheinen mir wichtig genug, um das Augenmerk der Kindergartenkreise auf sie zu lenken, da ich den Eindruck gewann, daß es sich bei meinem Beobachtungsmaterial nicht um Einzelfälle handelt, sondern um Tatsachen allgemeinerer Natur. Eltern, die, meist ohne es sich einzugestehen, die erotische Grundlage solcher Beziehungen herausfühlen, pflegen sich mit Neckereien und Witzeleien gegen die ihnen unliebsamen Erkenntnisse zu wehren." (ebd., S. 123 f)

Ende der sechziger Jahre kam es, bedingt durch die Studentenbewegung und die damit einhergehende Wiederentdeckung psychoanalytischer Schriften, zu einer breiten Diskussion über Sexualität allgemein und natürlich auch über Kindersexualität. In Großstädten wurden „antiautoritäre Kinderläden" gegründet. Darüber berichtet eine Mutter:

„Wir haben uns sehr stark zunächst psychoanalytisch orientiert, das heißt, die Kinder repressionsfrei zu erziehen, das heißt, daß sie sich ihrer Individualität bewußt werden und ihr Ich gestärkt wird in dieser Erziehung, daß also keine Unterdrückung von kindlicher Sexualität beispielsweise passiert." (U. Hasselblatt 1971, S. 9)

Um zu zeigen, wie in den „Kinderläden" das Problem der Sexualerziehung gesehen wurde und nach welchen Prinzipien das pädagogische Handeln sich richtete, werden im folgenden die Grundsätze, nach denen in einem „Kinderladen" Sexualerziehung durchgeführt wurde, zitiert:

„1. Sexuelle Spiele von Kindern untereinander unterliegen keinerlei Beschränkungen.

2. Ein gegenseitiges Teilhaben am Sexualleben zwischen Eltern und Kindern,
a) so daß das kindliche Neugierde- und Wißbedürfnis der Erwachsenensexualität gegenüber nicht unterdrückt wird;
b) daß Kinder nicht in irgendeiner Weise Aktivitäten von seiten eines Erwachsenen nach sexueller Befriedigung ausgesetzt sind.

3. Es ist nicht erforderlich, dem Erziehungsanspruch nach absoluter sexueller Freiheit des Kindes durch ein vorgegebenes scheinliberales Verhalten dem Kinde seine eigenen Ängste und Schwierigkeiten im Umgang mit der Sexualität näher zu bringen.

4. Stärkere Betonung des Erwachsenen auf ein eigenes individuelles Sexualbedürfnis, das nicht immer auf die Bedürfnisse des Kindes eingehen will.

5. Selbstregulierung in der Reinlichkeits- und Sauberkeitserziehung.

6. Die frühkindliche Sexualität darf keinen Verdrängungsmechanismen unterliegen.

7. Vollkommene Bejahung des menschlichen Körpers und seines Bedürfnisses nach Nacktheit und sexueller Befriedigung." (F. Winterle 1985, S. 80 f)

Der Kinderladenbewegung wurde der Vorwurf gemacht, sie würde die kindliche Sexualität bewußt provozieren. Betrachten wir dazu Praxisberichte, die seinerzeit in dem vielgelesenen Buch von G. Bott (1970, S. 45) „Erziehung zum Ungehorsam" festgehalten wurden:

„Ein Teil der Kinder sitzt am Tisch beim Mittagessen. Ich stehe daneben, da kommt Ida zu mir und streichelt meine Knie, dann geht sie höher und krabbelt mit den Händen unter meinem Rock. Ich lächle sie an und sage: ‚Das kitzelt ja so. Ist es denn da so schön warm? Macht das denn so Spaß?' Sie sagt: ‚Ja, ich will dich mal kitzeln' – und sie streichelt meine Schenkel rauf und runter ...

Nina hat uns von Anfang an genau beobachtet; als sie meine Reaktion sah, legte sie den Löffel aus der Hand und kommt zu uns. Sie will auch unter meinem Rock kitzeln. Der Rock rutscht immer höher, ich stehe praktisch in der Unterhose da, da kommt auch Annette Z., und wir 4 haben einen Mordsspaß daran, wie sie unter meinem Rock herumfummeln ... Das Ganze geht sehr gelöst vor sich, und jeder ist der Meinung, daß es jedem Spaß macht ... Utku kommt dazu und fängt an, an meinem Rock herumzureißen. Er ist ganz aufgeregt und ruft: ‚Die Hose muß runter, ich ziehe die Hose runter.' Er reißt wild an meinen Kleidern herum, leckt an meinen Bauch und beißt in die Haut. Ich sage, daß es mir zu kalt sei, und ich keine Lust hätte, mich ausziehen zu lassen ... Das wird nicht akzeptiert, und er reißt weiter an den Kleidern. Dann ist seine Hand in meiner Hose, und er reißt an meinen Schamhaaren. Da nehme ich seine Hand heraus und sage, daß es mir wehtut, und ich das nicht gut fände."

Solche Vorkommnisse wurden und werden noch immer kritisiert. Insbesondere die Kinderpsychotherapeutin Ch. Meves verurteilte scharf diese Art der Sexualerziehung, in der sie schwerwiegende Folgen für das Kind sah. Ch. Meves (1971, S. 95) schrieb:

„In der psychagogischen Praxis lassen sich immer wieder einmal Fälle konstatieren, bei denen sich frühe Kindesverführungen als die

Ursache psychosomatischer Erkrankungen, schwerer Hysterien oder sexueller Verwahrlosung nachweisen lassen."

Im Jahre 1985 kritisierte G. Bittner (1985, S. 324 f) die oben angeführten Beispiele aus einem Kinderladen mit folgenden Worten:

„In allen drei genannten Beispielen ist gegen ein grundlegendes pädagogisches Prinzip verstoßen worden: gegen das Prinzip einer ‚kindgemäßen' Vermittlung von Inhalten und Erfahrungen. Verstoßen wurde das eine Mal im Namen einer aufklärerischen, das andere Mal im Namen einer curricularen Anforderung; das dritte Mal im Namen dessen, was man für Triebbedürfnisse des Kindes hielt."

Nach den bewegten sechziger und frühen siebziger Jahren wurde es verhältnismäßig still um die Sexualerziehung der Kinder. In der Schule wurde zwar der Sexualkundeunterricht eingeführt, doch für den Kindergarten galt, daß Sexualerziehung hier nicht stattzufinden habe. Sicher, in einigen einschlägigen Publikationen wurde die Sexualerziehung im Kindergarten thematisiert, doch veränderten diese nichts an der Kindergartenpraxis. 1981 sorgte jedoch der Aufsatz von H. Wichert in der katholischen Fachzeitschrift „Welt des Kindes" für Unruhe unter den Erwachsenen, die in irgendeiner Weise mit dem Kindergarten zu tun hatten. Genannte Autorin versuchte verschiedene Kindergartensituationen darzustellen, wie sie sie in ihrem „Modellkindergarten" erlebte, und wie die Erziehenden damit umgingen. Vor allem empörten sich die Leser/innen über folgende Beispiele:

„Lisa und Tobias sind Freunde geworden ... Sie spielen ganz lieb miteinander, oft gehen sie Hand in Hand, oder Tobias legt den Arm um Lisa, sie mögen den Körperkontakt, sie streicheln sich oft, sie schmusen, sie kuscheln zusammen. Sehr gerne ziehen sie sich in eine Ecke zurück und spielen Mutter und Vater und wollen ungern dabei gestört werden ... An diesem Tag hatten wir Kleisterfarben in großer Menge angerührt und mit hinaus ins Freie genommen. Die Kinder konnten sich dann gegenseitig mit den Kleisterfarben ihren Körper bemalen ... Zum Teil bezogen sie auch die Erzieher mit in ihre Spiele ein. Auch wir hatten uns anmalen lassen, allerdings mit einem Bikini bekleidet ...

Um das Kennenlernen des eigenen Körpers zu vertiefen, malten sich die Kinder auf große Papierbögen. Es sind schöne, große Bilder dabei entstanden, und es war interessant, daß die Kinder zunächst Schwierigkeiten hatten, das Geschlechtsteil in das Bild einzuzeichnen. Leicht für die Kinder war es, die Augen, Ohren, Haare usw. zu malen, aber bei dem Geschlechtsteil zögerten viele, vermißten es gar nicht. Erst als wir darüber redeten, und die Kinder sich gegenseitig darauf aufmerksam machten, wurden alle Bilder dann vollständig ausgemalt." (H. Wichert 1981, S. 33 ff)

Eine Flut von empörten Leserbriefen überrollte die Zeitschrift. Daraufhin sah sich die Redaktion gezwungen, die Frage nach der „christlichen Toleranz" zu stellen:

„Wir waren erstaunt bis erschüttert, als wir die Leserbriefe durchgingen, die uns zu dem Artikel ‚Mein Körper – dein Körper' erreichten. In einer Zeit, in der Tausende von kirchlichen Mitarbeitern in kirchlichen Fortbildungseinrichtungen in eigens angebotenen Kursen über Erfahrung und Selbsterfahrung, Eutonie, verbale und nonverbale Kommunikation und vieles andere mehr versuchen, sich ihrer Berührungsängste und Verklemmungen, Verknotungen und Verkrampfungen bewußt zu werden und mit Hilfe der Gruppe zu mindern, in einer solchen Zeit wird der Bericht einer kirchlich engagierten Leiterin eines Kindergartens auf eine Weise in den Dreck gezogen, daß uns das Schamgefühl verbietet, solche Hetzschreiben zu veröffentlichen. Oder finden Sie, liebe Leserin oder Leser es angemessen, von einem ‚Saustall', ‚Verführung zur Unzucht', ‚Kleinkindsexladen', ‚Schweinereien des kleinen Nackedeis', ‚Gehirnwäsche' u.a. zu sprechen und die Leiterin als ‚Wildsau' zu bezeichnen, um diesen Bericht zu charakterisieren? Sind Ihrer Meinung nach Unterstellungen, Verdrehungen und Verdächtigungen oder persönliche Verunglimpfungen und Beleidigungen christliche Formen des Umgangs miteinander?

Wie, so fragen wir Sie, kann es je zum Austausch von Erfahrungen in der pädagogischen Praxis kommen, wenn jeder seine eigene Praxis (so er überhaupt eine hat) allein als richtig und moralisch gut hinstellt, die des anderen als falsch und moralisch schlecht verwirft? Ist es denn in christlichen Kreisen üblich geworden, dem Partner eines Gesprächs über ein problembeladenes Thema von vornherein die gute Absicht und den guten Willen abzusprechen? Ist es unter Christen unmöglich geworden, unterschiedliche Formen (weil unterschiedliche Bedingungen) des Handelns in der pädagogischen Praxis zuzulassen und auszuhalten?" (W. Liegle 1981, S. 228)

Spätestens an dieser Stelle erhebt sich die Frage, was eigentlich die Kindergartengesetze der Bundesländer, die Schriften und Broschüren der Trägerverbände zu einer Sexualerziehung im Kindergarten formulieren. Geht man die einzelnen Kindergartengesetze durch, sieht man sich ob meiner Fragestellung enttäuscht; es finden sich keine Aussagen zur Sexualerziehung. Sicher, bei entsprechend großzügiger Auslegung ließe sich die Sexualerziehung in die weitgefaßten pädagogischen Zielvorstellungen einbeziehen, wie folgende exemplarisch herausgegriffenen Kindergartengesetze illustrieren.

Das Bayrische Kindergartengesetz stellt dem Kindergarten folgende Aufgaben (Art. 7):

„(1) Der Kindergarten unterstützt und ergänzt die familiäre Erziehung, um den Kindern nach Maßgabe wissenschaftlicher Forschungsergebnisse feste Entwicklungs- und Bildungschancen zu vermitteln. Er bietet kindgemäße Bildungsmöglichkeiten an, gewährt allgemeine und individuelle erzieherische Hilfen, die Persönlichkeitsentfaltung sowie soziale Verhaltensweisen und versucht, Entwicklungsschäden auszugleichen."

In Nordrhein-Westfalen hat der Kindergarten nach §2 des Kindergartengesetzes folgenden Auftrag:

„(1) Der Kindergarten hat im Elementarbereich des Bildungssystems einen eigenständigen Bildungsauftrag. Die Förderung der Persönlichkeitsentwicklung des Kindes und die Beratung und Information der Erziehungsberechtigten sind dabei von wesentlicher Bedeutung; der Kindergarten ergänzt und unterstützt dadurch die Erziehung des Kindes in der Familie.

(2) Der Kindergarten hat seinen Bildungsauftrag in ständigem Kontakt mit den Eltern und anderen beteiligten Erziehungsberechtigten durchzuführen und dabei insbesondere

1. die Lebenssituationen jedes Kindes zu berücksichtigen,
2. dem Kind zur größtmöglichen Selbständigkeit und eigenen Aktivität zu verhelfen, seine Lernfreude anzuregen und zu stärken,
3. dem Kind zu ermöglichen, seine emotionalen Kräfte aufzubauen,
4. die schöpferischen Kräfte des Kindes unter Berücksichtigung seiner individuellen Neigungen und Begabungen zu fördern,
5. dem Kind Grundwissen über seinen Körper zu vermitteln und seine körperliche Entfaltung zu fördern,
6. die geistigen Fähigkeiten des Kindes zu entfalten und ihm dabei durch ein breites Angebot von Erfahrungsmöglichkeiten elementare Kenntnisse von der Umwelt zu vermitteln.

(3) Der Kindergarten hat außerdem die Aufgabe, das Kind unterschiedliche soziale Verhaltensweisen, Situationen und Probleme be-

wußt erleben zu lassen und jedem einzelnen Kind die Möglichkeit zu geben, seine eigene soziale Rolle innerhalb der Gruppe zu erfahren, seine positiven Wirkungsmöglichkeiten und Aufgaben innerhalb eines demokratischen Zusammenlebens zu erkennen und demokratische Verhaltensweisen zu üben.“ (R. Schmitt-Wenkebach u.a. 1974, S. 39 ff)

Die Kindergartenordnungen der konfessionellen Verbände, die überwiegend die Träger der Kindergärten sind, sind in ihren Aussagen zur Sexualerziehung ähnlich kärglich wie die Kindergartengesetze. So wird z. B. in der „Ordnung für die katholischen Kindergärten in der Diözese Rottenburg-Stuttgart“ der Auftrag des Kindergartens wie folgt beschrieben:

„Sehr geehrte Eltern!
In Ihrem Auftrag will unser Kindergarten die Erziehungs- und Bildungsarbeit Ihrer Familie unterstützen, ergänzen und fortführen. Er will den Bedürfnissen und Interessen Ihres Kindes dienen und dieses in seiner Gesamtpersönlichkeit fördern. In einer Atmosphäre der Geborgenheit und des Vertrauens sollen dem Kind vielfältige Möglichkeiten zur Auseinandersetzung mit sich selbst und seiner Umwelt angeboten werden. Zur Erziehung und Bildung im Kindergarten gehört auch die Hinführung zur Selbständigkeit, Entscheidungsfähigkeit, Gemeinschaftsfähigkeit und Lernfreude. Ihr Kind wird vorwiegend in der altersgemischten Gruppe in Form gezielter Angebote gefördert, besonders durch freies Spiel, musische Betätigung, Sprachpflege, Bewegungserziehung, Einübung in die tägliche Lebenssituation, Verkehrserziehung und Erfahrungserweiterung in Natur und Technik.“ (Caritasverband Württemberg 1981, S. 1)

Die von einzelnen Kindergärten selbst herausgegebenen Broschüren sprechen die Sexualerziehung ebenfalls nicht direkt an, wie folgender Auszug aus dem Elternbrief an die Eltern der neu in den Kindergarten kommenden Kinder des Städtischen Kindergartens in Dillingen/Donau bezeugt:

„Schwerpunkte unserer Erziehungsarbeit:

Aufbau der *Persönlichkeit*: Selbstsicherheit, Selbständigkeit, seelisches Gleichgewicht, Willensstärke, Entfaltung des Gemüts.

Aufbau des *Sozialverhaltens*: Kontaktfähigkeit, Miteinander-etwastun-können, Anforderung an die Gemeinschaft und Einordnung in die Gemeinschaft, Verantwortung, selbständige, situationsangepaßte Konfliktlösungen finden.

Aufbau der *Intelligenz:* Üben der Wahrnehmung, der Sprache und Begriffsbildung, des logischen Denkens, der Merkfähigkeit, des Experimentierens.

Aufbau der *Kreativität*: Eigene Ideen finden und sie verwirklichen im Spiel und schöpferischen Gestalten (Bauen, Modellieren, Malen, Musizieren, Rhythmik).

Ausbildung der *Motorik*: Üben der Körpergeschicklichkeit, der Fingerfertigkeit, Sicherheit der Bewegungen, Haltungserziehung (Vorbeugung von Haltungsschäden).

Aufbau bzw. Weiterführung *religiöser Erziehung:*
– christliche Grundhaltung in der Gesamterziehung,
– Zusammenwirken mit dem Elternhaus,
– kindgemäßes Glaubens- und Gebetsleben,
– Glaubensvermittlung und Gewissensbildung,
– Einübung von Toleranz, Hilfsbereitschaft und Verständnis für den Mitmenschen.“

Eine rühmliche Ausnahme ist der Rahmenplan für die evangelischen Kindergärten des „Diakonischen Werkes Schleswig-Holstein“. Neben den Erziehungs- und Bildungsbereichen Sprache, Sachkunde, Musik, Sozialerziehung u.a. werden auch ausdrücklich die Sexualerziehung berücksichtigt und folgende Lernziele angeführt:

„Kinder sollen lernen:
– eine von Tabus, Ängsten, Ekel- und Schuldgefühlen, von Fehlvorstellungen und unangemessenen Schamreaktionen befreite Einstellung zur Sexualität zu entwickeln;
– gleichermaßen als Mädchen und als Junge ein körperliches Selbstwertgefühl zu entwickeln;
– erste Ansätze für ein kritisches Geschlechtsrollenbewußtsein zu bilden;
– kindgemäße Formen körperlicher Begegnung (Streicheln, Schmusen usw.) als selbstverständlich zu empfinden und zu gebrauchen;
– Gemütsempfindungen zu entfalten und zu befriedigen (als Voraussetzung für die Entfaltung der Liebesfähigkeit);
– äußerlich sichtbare Geschlechtsunterschiede zu erkennen und zu benennen;

– subsprachliche Begriffe und Redewendungen durch hoch- und fachsprachliche zu ersetzen, diese verstehen und anwenden zu können;
– die Grunderscheinungen der Fortpflanzung (Zeugung, Schwangerschaft, Geburt) zu erkennen;
– die Sexualität als Kommunikations- und Fortpflanzungsmöglichkeit zu verstehen;
– Probleme der Sexualität zu sehen (Sexualdelikte u. a.)." (zit. n. N. Huppertz 1984, S. 36)

Über „Verfahrensweisen und Inhalte" wird in derselben Publikation plädiert für:

„Koedukation; gemeinsames Nacktsein; Beobachtungen am eigenen Körper; gemeinsame Toilette für Mädchen und Jungen; Gespräche über geschlechtliche Vorgänge; kindliche Lesestoffe über sexuelles Geschehen; Betrachtungen von Abbildungen sexuellen Inhalts; Rollenspiele und Rollentausch." (ebd.)

Wie für die evangelischen Kindergärten in Schleswig-Holstein, wird für die österreichischen Kindergärten im Rahmenplan „Bildung und Erziehung im Kindergarten" der Bildungsbereich Sexualerziehung ausführlich behandelt. Nach der „Emotionalen Erziehung" und nach der „Sozialerziehung" wird als dritter Bildungs- und Erziehungsbereich die „Sexualerziehung" erläutert, und zwar genauso ausführlich wie die „Religiös-christliche Erziehung". Zu den Lernzielen wird dort ausgeführt:

„Die Einstellung des Kindes zur Sexualität und zur Geschlechterrolle wird weitgehend schon in der frühen Kindheit festgelegt, indem das Kind unbewußt die Haltungen und Einstellungen der Erwachsenen übernimmt. Wenn auch die Vermittlung von grundlegendem Wissen über den Sexualbereich in erster Linie Aufgabe der Eltern ist, dürfen und können Fragen der Geschlechtserziehung aus der Kindergartenarbeit nicht ausgeklammert werden. Fragen des Kindes nach Mutter- und Vaterschaft, nach dem Werden des menschlichen Lebens und nach der Sexualität verlangen ebenso wie jeder andere Fragenbereich eine sachliche und dem kindlichen Fassungsvermögen angepaßte Antwort ... Was den Intimbereich des einzelnen Kindes betrifft, so sollte im Kindergarten ein natürlicher Stil gefunden werden, der durch Achtung vor der Intimsphäre und durch Großzügigkeit gekennzeichnet ist. Auffälliges Verhalten eines Kindes in bezug auf den Sexualbereich deutet auf unbewältigte Probleme hin. Es ist wichtig, in solchen

Fällen mit Behutsamkeit vorzugehen, um eine negative Einstellung zur Sexualität aufarbeiten bzw. verhindern zu helfen. Bei der Ausbildung des weiblichen bzw. männlichen Rollenverhaltens kommt der Kindergärtnerin eine wichtige Funktion zu. Neben dem Rollenbild, das die Kinder in der Familie erleben, beeinflußt die persönliche Einstellung der Kindergärtnerin zu ihrer eigenen Geschlechterrolle und die Art und Weise, wie sie Buben und Mädchen behandelt, das Rollenverständnis der Kinder. Unter Berücksichtigung eines zeitgemäßen Selbstverständnisses unserer Gesellschaft ist es notwendig, den Kindern den Zugang zu einer partnerschaftlichen Rollenauffassung zu vermitteln.“ (Ch. Niederle u.a. 1975, S. 33)

Insgesamt wird – von wenigen Ausnahmen abgesehen – in den verschiedenen Kindergartengesetzen und -verordnungen die Sexualerziehung nicht (direkt) ausgeschlossen, doch im Gegensatz zu anderen Erziehungs- und Bildungsbereichen stark vernachlässigt.

3. Zur frühkindlichen Sexualentwicklung

Es folgt ein Überblick über die psychoanalytische Theorie der Sexualentwicklung, denn ohne einen Blick auf diese Erkenntnisse lassen sich die (sexuellen) Verhaltensweisen der Kindergartenkinder nicht verstehen. Die psychoanalytische Theorie ist auch heute noch in ihren Grundzügen anerkannt. Folgerichtig konstatiert dazu L. Schuh-Gademann (1972, S. 34):

„Sie (die psychoanalytische Theorie; M. B.) ist auf das emotionale Verhalten des Menschen bezogen, vertritt diesbezüglich ein entwicklungspsychologisches Konzept und sucht Verhaltensstörungen des Erwachsenen auf frühkindliche Erlebnisse zurückzuführen. Es gibt unseres Wissens nach kein anderes theoretisches Konzept, das sich in gleichem Ausmaß wie die Psychoanalyse mit den psychischen Vorgängen und dem affektiven Verhalten befaßt und zugleich auch entwicklungspsychologisch relevant ist.“

Die von L. Schuh-Gademann getroffene Aussage gilt m. E. auch heute noch, und ist insbesondere für die Sexualerziehung im Kindergarten von Bedeutung.

Da das Kind, wenn es in den Kindergarten eintritt, bereits eine beachtliche Entwicklung hinter sich hat (das gilt für den sexuellen Aspekt der Erziehung wie für andere Erziehungsbereiche) und schon über eine gewisse sexuelle Grundhaltung verfügt, muß an dieser Stelle auch die Zeit der kindlichen Entwicklung vor dem Eintritt in den Kindergarten berücksichtigt werden.

Folgende Ausführungen zu den einzelnen Entwicklungsphasen sind nur in Form eines Überblicks möglich. Angesichts der gebotenen Kürze und gedrängten Darstellung kann kein Anspruch darauf erhoben werden, alle Phänomene und Prozesse der jeweiligen Phase zu erfassen.

Bevor ich näher auf die Entwicklungsphasen eingehe, ist es erforderlich, die Sexualität näher zu bestimmen:

„Im Ernst, es ist nicht leicht anzugeben, was den Inhalt des Begriffs ‚sexuell' ausmacht", schrieb S. Freud (1966, S. 313), denn, so vermerkte der Begründer der Psychoanalyse an anderer Stelle: „Wir gebrauchen das Wort Sexualität in demselben Sinne wie die deutsche Sprache das Wort ‚lieben'!" (S. Freud 1964, S. 120)

Diese Definition hilft zwar wenig zur Spezifizierung des Begriffs Sexualität, läßt aber bereits das Spektrum dessen erkennen, was mit Sexualität gemeint sein kann.

Den Grundstein zu einem solchen erweiterten Begriff von Sexualität, der seine Funktion nicht nur in der Fortpflanzung und auf den Genitalbereich bezogen sieht – Sexualität also nicht nur als Sache von Erwachsenen begreift – legte S. Freud mit seinen Studien über Neurosen und Perversionen erwachsener Patienten. Über die Retrospektive der Biographie seiner Patienten, insbesondere ihrer verdrängten psychischen Anteile, gelangte er mittels Traumdeutungen und Assoziationen zu der Erkenntnis, daß Neurosen und Perversionen ihren krankmachenden Ursprung in der frühkindlichen Entwicklung haben. Dies führte ihn zur Entdeckung der Existenz „infantiler Sexualität" und zur Annahme eines „Sexualtriebes", der von Geburt an vorhanden ist und sich wie andere Köperfunktionen von Anfang an in einem Entwicklungsprozeß befindet und „ursprünglich gar nicht den Zwekken der Fortpflanzung dient, sondern bestimmte Arten der Lustgewinnung zum Ziele hat" (S. Freud 1975, S. 126).

Mit dem Terminus „Sexualtrieb" bezeichnet S. Freud „die psychische Repräsentanz einer kontinuierlich fließenden, innersomatischen Reizquelle" (ebd., S. 43), deren „chemische(n) Eigentümlichkeiten" (S. Freud 1966, S. 331) noch nicht bekannt sind, die aber einen Zustand psychischer Erregung hervorruft und die Befriedigung der erzeugten sexuellen Bedürfnisse aktiviert. Desweiteren ist S. Freud der Ansicht, daß der Sexualtrieb zunächst nicht an ein bestimmtes Objekt geknüpft ist. Vielmehr sind seine Ziele vielgestaltig und variabel an erogene Zonen gebunden, gehen aber mit unterschiedlichen Handlungen einher, an die sie sich anlehnen:

„Vor allem entstehe Befriedigung durch die geeignete sensible Erregung sogenannter erogener Zonen, als welche wahrscheinlich jedes Organ fungieren könne, während gewisse ausgezeichnete erogene Zonen existieren, deren Erregung durch gewisse organische Vorrichtungen von Anfang an gesichert sei. Ferner entstehe sexuelle Erregung gleichsam als Nebenprodukt bei einer großen Reihe von Vorgängen im Organismus, sobald dieselben nur eine gewisse Intensität erreichen, ganz besonders bei allen stärkeren Gemütsbewegungen, seien sie auch peinlicher Natur. Die Erregungen aus all diesen Quellen setzen sich noch nicht zusammen, sondern verfolgen jede vereinzelt ihr Ziel, welches bloß der Gewinn einer gewissen Lust ist. Der Geschlechtstrieb sei also im Kindesalter nicht zentriert und zunächst objektlos, autoerotisch." (S. Freud 1975, S. 100 f)

Diese Verschiedenartigkeit der somatischen Quellen sexueller Erregung veranlaßte S. Freud nicht von vornherein, den Sexualtrieb als eine Einheit zu fassen, sondern als Aufsplitterung in mehrere „Partialtriebe", die direkt befriedigt werden. Diese Partialtriebe als sexuell zu bezeichnen, begründete er damit, daß sie alle zu einem komplexen entwicklungsgeschichtlichen Ganzen zu rechnen sind, dessen Ziel das Primat der Genitalität darstelle. So subsumiert die psychoanalytische Theorie alle lustvollen Verhaltensweisen unter den Oberbegriff Sexualität, die sich entwicklungsgeschichtlich als Komponenten der Erwachsenensexualität erweisen. Demzufolge sind bestimmte Bedürfnisse und Verhaltensweisen von Kindern wie z. B. das Saugen und Lutschen, das Bedürfnis nach Hautkontakt und Zärtlichkeit, das Interesse an den Genitalien und Exkrementen, die kindlichen „Doktorspiele" u.a.m. als sexuell zu interpretieren.

Mehrere Wissenschaftler bestreiten den sexuellen Charakter voranstehender kindlicher Verhaltensweisen. L. Schuh-Gademann (1972, S. 28) trug einige Gegenargumente von Fachleuten zusammen, die davon ausgehen, daß das Kind im Grunde genommen keine eigentliche Sexualität besitzt. Ihre Argumentation läuft im wesentlichen darauf hinaus, daß sich die entsprechenden kindlichen Reaktionsweisen von erwachsener Sexualität vor allem in ihrer Zielrichtung, Objektwahl und der sie begleitenden Empfindungen unterscheiden würden.

L. Schuh-Gademann (ebd., S. 29 f) hält die Gegenargumente nicht für stichhaltig genug:

„Die Argumente und Behauptungen, die die kindliche Sexualität von der des Erwachsenen trennen wollen, sind insofern nicht stichhaltig, als ihnen in manchen Punkten anhand empirischen Materials widersprochen werden kann ...

Abgesehen davon ist die Frage, ob bestimmte kindliche Handlungen nun wirklich als ‚sexuell' zu bezeichnen sind, ob die kindliche Masturbation von sexuellen Vorstellungen begleitet ist oder nicht, irrelevant. Die heutigen Forschungsmethoden lassen keine endgültige Antwort auf die Frage nach der Art des kindlichen Empfindens bei sexuellen Verhaltensweisen erwarten. Ford und Beach haben zwar festgestellt, und Berichte aus Kommunen weisen darauf hin ..., daß in Gesellschaften oder Gruppen, in denen das kindliche Sexualverhalten toleriert wird, Kinder das gleiche Sexualverhalten wie die Erwachsenen zeigen. Ob nun aber dieses Sexualverhalten vom Kind aus auch so empfunden wird wie beim Erwachsenen, kann und muß unserer Meinung nach nicht beantwortet werden. Konkret: Ob das Kind bei der Masturbation das gleiche Lustgefühl empfindet, wie wenn es zum Beispiel gekitzelt wird, kann nicht endgültig entschieden werden. Viel wichtiger als die Klärung dieser Frage scheint uns der Nachweis, daß das spätere Sexualverhalten durch die frühkindlichen Erlebnisse auf diesem – von uns als ‚sexuell' benannten Sektor – entscheidend mitbestimmt, wenn nicht weitgehend determiniert wird. Diese Beeinflussung kann insofern als teilweise Determination bezeichnet werden, als sie nur schwer rückgängig zu machen ist."

Freilich, wenn man voranstehende kindliche Äußerungen als sexuell definiert, so muß doch festgehalten werden, daß sich die infantile Sexualität von der Erwachsenensexualität in gewisser Weise unterscheidet. Sie hat – zumindest in ihren Anfängen – noch nicht die genitale Vereinigung zweier Geschlechtspartner zum Ziel, sie ist autoerotisch und vielgestaltig, „polymorph pervers" wie der Begründer der Psychoanalyse dieses Phänomen bezeichnet:

„Das Kind hat ... von allem Anfang an ein reichhaltiges Sexualleben, welches sich von dem später als normal geltenden in vielen Punkten unterscheidet. Was wir im Leben der Erwachsenen ‚pervers' nennen, weicht vom Normalen in folgenden Stücken ab: erstens durch das Hinwegsetzen über die Artschranke ..., zweitens durch die Überschreitung der Ekelschranke, drittens der Inzestschranke ..., viertens der Gleichgeschlechtlichkeit, und fünftens durch die Übertragung der Genitalrolle an andere Organe und Körperstellen. Alle diese Schranken bestehen nicht von Anfang an, sondern werden erst allmählich im Laufe der Entwicklung und der Erziehung aufgebaut. Das kleine Kind ist frei von ihnen ... Das Kind kann also ‚polymorph pervers' genannt werden, und wenn es alle diese Regungen nur spurweise betätigt, so kommt dies einerseits von deren geringer Intensität im Vergleich zu späteren Lebenszeiten, andererseits daher, daß die Erziehung alle sexuellen Äußerungen des Kindes sofort energisch unterdrückt." (S. Freud 1964, S. 213 f)

Die unterschiedlichen Möglichkeiten sexueller Lustbefriedigung gehören nicht von Geburt an zum Verhaltensrepertoire des Kindes, vielmehr macht es erst im Laufe seiner Entwicklung durch mehr oder weniger zufällige Ereignisse die Erfahrung, daß ein bestimmter Umgang mit dem eigenen Körper lustvoll sein kann. Die Erwachsenen aber kontrollieren die kindliche Lustbetätigung, setzen z. T. rigide Schranken. Nun sind aber, wie S. Freud konstatierte, eine Reihe von Lusterlebnissen an lebensnotwendige Körpervorgänge gebunden, so daß sie nie ganz unterbunden werden können, auch wenn dies durch restriktive Erziehungsmaßnahmen intendiert wird. Die Entwicklung der Sexualität erweist sich allerdings als in hohem Maße abhängig von der Art und Weise ihrer Entfaltungsmöglichkeiten bzw. dem Ausmaß ihrer Beschränkungen, die ihr in der Erziehung gesetzt werden. Und diese wiederum steht in engem Zusammenhang zu der jeweiligen Gesellschaftsform, bzw. deren Werten und Normen, unter denen Erziehung stattfindet.

Freuds Theorie der infantilen Sexualität basiert – so W. Grossmann – im wesentlichen auf folgenden drei Thesen:

„1. Freud führt den Begriff der ‚Libido' ein als einer sexuellen Energie, die als fundamentale Kraft von Geburt an feststellbar ist.

2. Das Sexualverhalten ist nicht instinktiv gesteuert, sondern vollzieht sich unter dem Einfluß von Erziehung und Gesellschaft.

3. Die kindliche Sexualentwicklung verläuft in bestimmten Phasen, wobei Freud annimmt, daß die Partialtriebe relativ unverbunden sind und noch nicht unter dem Primat der genitalen Sexualität stehen." (W. Grossmann 1974, S. 176)

Betrachten wir nun die einzelnen Phasen der kindlichen Sexualentwicklung: die orale, die anale, die phallisch-genitale und die Latenz-Phase.

Die Darstellung der einzelnen aufeinanderfolgenden Phasen darf nicht als scharfe Abgrenzung aufgefaßt werden. Vielmehr gehen die Schwerpunkte der einzelnen Phasen wie auch die angegebenen Zeitabschnitte ineinander über. Die Phasen laufen allmählich untereinander verbunden ab, doch tritt eine Phase nach der anderen besonders hervor.

3.1 Orale Phase

Am Anfang der Sexualentwicklung steht die orale Phase (erstes Lebensjahr). Sie ist noch eine primitive Organisationsstufe, in der die Mundzone eine wichtige Rolle im Erleben des Kindes spielt.

S. Freud (1969, S. 309) selbst charakterisierte die orale Phase so:

„Die ersten Regungen der Sexualität zeigen sich beim Säugling in Anlehnung an andere lebensnotwendige Funktionen. Sein Hauptinteresse ist, wie Sie wissen, auf die Nahrungsaufnahme gerichtet; wenn er an der Brust gesättigt einschläft, zeigt er den Ausdruck einer seligen Befriedigung, der sich später nach dem Erleben des sexuellen Orgasmus wiederholen wird. Das wäre zu wenig, um einen Schluß darauf zu gründen. Aber wir beobachten, daß der Säugling die Aktion der Nahrungsaufnahme wiederholen will, ohne neue Nahrung zu beanspruchen; er steht also dabei nicht unter dem Antrieb des Hungers. Wir sagen, er lutscht oder ludelt, und daß er bei diesem Tun wiederum mit seligem Ausdruck einschläft, zeigt uns, daß die Aktion des *Lutschens* ihm an und für sich Befriedigung gebracht hat. Bekanntlich richtet er sich's bald so ein, daß er nicht einschläft, ohne gelutscht zu haben."

Für S. Freud ist die ernährende Mutterbrust das erste „erotische Objekt", die erste „Lustquelle" des Kindes. Wie sich die Lustgefühle des Säuglings, die ihm die Berührung mit der mütterlichen Brust verschaffen, äußern, illustriert S. Isaacs (1971, S. 24) anschaulich: Nachdem der Säugling sein ärgstes Hungergefühl gestillt hat, spielt er mit der Brust der Mutter, er „saugt ein wenig, läßt die Brustwarze aus seinem Mund gleiten, lacht, gurgelt und strampelt freudig, wendet sich dann erneut der Brustwarze zu und liebkost sie mit seinen Lippen." Dieses idyllische Bild verändert sich schlagartig, wenn dem Kind die Brust entzogen wird, es „schreit vor Wut und Enttäuschung"(ebd.).

Der Mund ist freilich nicht die einzige Lustquelle, das Bedürfnis nach intensivem Hautkontakt und die Säuglingsonanie sind weitere Quellen der Lustgefühle. Das Kind benötigt einen wohltuenden Körperkontakt, es will liebkost, gestreichelt, auf den Arm genommen werden usw. Die Bedürfnisse des Säuglings beschreibt F. Leboyer (1984, S. 16 f):

„Wir müssen sie (die Säuglinge; M.B.) mit Wärme und Zärtlichkeit genug und über-genug füttern.
Denn das brauchen sie

so sehr wie Milch.
Berührt, gestreichelt und massiert werden,
das ist die Nahrung für das Kind.
Nahrung, die genauso wichtig ist,
wie Mineralien, Vitamine und Proteine.
Nahrung, die Liebe ist."

R. Spitz hat die Folgen einer emotional vernachlässigenden Erziehung im ersten Lebensjahr erforscht und eindringlich beschrieben. Emotional vernachlässigte Kinder sind in ihrer Entwicklung gehemmt und in der späteren sozialen Kontaktfähigkeit eingeschränkt, während Kinder mit liebevoller Erziehung und Pflege Zutrauen zur Umwelt gewinnen. Vertauen zu sich selbst und Vertrauen zu einem Menschen sind wesentliche Grundlagen für eine gesunde Sexualentwicklung.

Der Säugling erforscht und untersucht auch seinen Körper. Er spielt mit seinen Fingern, lutscht an ihnen und entdeckt seine Genitalien. Er erfährt die Reizempfindlichkeit der Genitalzone und manipuliert an dieser, wenn sich ihm die Möglichkeit dazu bietet. Für einen großen Teil der Eltern ist jedoch die Säuglingsonanie etwas Unanständiges. Und so machen viele Kinder bereits sehr früh unangenehme Erfahrungen mit einem Teil ihres Körpers, wenn das Kind beispielsweise schnell wieder in Windeln gepackt wird oder die Eltern auf sein Händchen schlagen und Äußerungen wie „bäh" von sich geben.

R. Spitz stellte bei von ihm untersuchten Kindern einen Zusammenhang zwischen dem Spiel mit dem Geschlechtsteil und der Mutter-Kind-Beziehung fest. Folgende drei Ausgangslagen hinsichtlich der Beziehung der Kinder zu ihren Müttern lagen der Untersuchung zugrunde:

1) Eine Gruppe von Kindern wuchs in der Kinderpflegeabteilung eines Frauengefängnisses auf. Die Beziehungen der Mütter zu ihren Kindern bestanden aus liebevollem Eingehen und verwöhnender Betreuung.

2) Eine weitere Gruppe von Kindern lebte in einem Waisenhaus, und Pflegerinnen verbrachten ihre überaus bemessene Zeit für die Kinder damit, sie hygienisch zu versorgen und ihnen Nahrung zuzuführen. Eine emotionale Beziehung fehlte.

3) Schließlich beobachtete R. Spitz eine dritte Gruppe von Kindern, die in der elterlichen Familie aufwuchsen, wo die Mutter-Kind-Beziehung optimal war.

Die Untersuchung von R. Spitz (1964/1965, S. 241 ff) brachte folgende Ergebnisse zutage:

„1. Dort wo die Beziehung zwischen Mutter und Kind optimal war, übertraf die Entwicklung im ersten Lebensjahr den Durchschnitt in jeder Hinsicht. Alle diese Kinder spielten mit ihrem Genitale.

2. Bestanden problematische Beziehungen zwischen Mutter und Kind, spielten die Kinder viel seltener mit ihrem Genitale ... Die Entwicklung verlief durchschnittlich befriedigend, war aber ziemlich unberechenbar.

3. Dort, wo eine Mutter-Kind-Beziehung fehlte, sank die Entwicklung unter den Durchschnitt. Keines der Kinder spielte mit seinem Genitale."

Diese Untersuchung zeigt nichts anderes, als daß eine positive emotionale Beziehung „sexualisierend" wirkt. Sie belegt aber auch, „daß es keine Phrase ist, wenn man sagt, die Liebe, die das Kind sehr früh erfahren habe, werde es im späteren Leben weitergeben." (N. Huppertz 1976, S. 210)

R. Spitz veröffentlichte seine Untersuchungsergebnisse über die kindliche Sexualität als Nachtrag zu seinen vielbeachteten Forschungen. Mußte er erst ein Tabu – das der Kindersexualität überwinden?

Nach E. Erikson wird das Kind in der oralen Phase mit dem ersten Kernkonflikt konfrontiert: Kann das Kind darauf vertrauen, daß es von der Mutter Nahrung und liebevolle Zuwendung bekommt, oder muß es ständig Angst haben, daß es von der Mutter Nahrung und Zuwendung nicht bekommt und so Hunger, Angst und unerträglichen Spannungen ausgesetzt ist. Hier entscheidet sich, ob „Urvertrauen" oder „Urmißtrauen" (vgl. E. Erikson 1965, S. 241 ff) der Welt gegenüber angebracht ist. Da der Aufbau von „Urvertrauen" in die Welt die Möglichkeit späterer Objektbeziehungen und die Chancen des Kindes, die Anforderunegn und Konflikte der folgenden Phasen meistern zu können, bestimmt, ist für die Entwicklung des Kindes von großer Bedeutung, daß es als Säugling keine unnötigen Versagungen zu erdulden hat, sondern seine Bedürfnisse nach Nahrung, Hautkontakt, Ruhe, Lutschen, Zärtlichkeit und Wärme optimal erfüllt werden.

3.2 Anale Phase

Etwa mit dem zweiten Lebensjahr löst die anale die orale Organisationsstufe ab. Die Analzone wird nun die dominante erogene Zone:

„Was sich am deutlichsten bei der Nahrungsaufnahme gezeigt hat, wiederholt sich zum Teil bei den Ausscheidungen. Wir schließen, daß der Säugling Lustempfinden bei der Entleerung von Harn und von Darminhalt hat und daß er sich bald bemüht, diese Aktionen so einzurichten, daß sie ihm durch entsprechende Erregungen der erogenen Schleimhautzonen einen möglichst großen Lustgewinn bringen. An diesem Punkte tritt ihm ... zuerst die Außenwelt als hemmende, seinem Luststreben feindliche Macht entgegen und läßt ihn spätere äußere wie innere Kämpfe ahnen. Er soll seine Exkrete nicht in dem ihm beliebigen Moment von sich geben, sondern wenn andere Personen es bestimmen. Um ihn zum Verzicht auf diese Lustquellen zu bewegen, wird ihm alles, was diese Funktionen betrifft, als unanständig, zur Geheimhaltung bestimmt, erklärt. Er soll hier zuerst soziale Würde für Lust eintauschen. Sein Verhältnis zu den Exkreten selbst ist von Anfang an ein ganz anderes. Er empfindet keinen Ekel vor seinem Kot, schätzt ihn als einen Teil seines Körpers, von dem er sich nicht leicht trennt, und verwendet ihn als erstes ‚Geschenk', um Personen auszuzeichnen, die er besonders schätzt. Noch nachdem der Erziehung die Absicht gelungen ist, ihn diesen Neigungen zu entfremden, setzt er die Wertschätzung des Kotes auf das ‚Geschenk' und auf das ‚Geld' fort. Seine Leistungen im Urinieren scheint er dagegen mit besonderem Stolz zu betrachten ... Was das Interesse am Akt der Defäkation und das Vergnügen beim Zuschauen der Defäkation eines anderen betrifft, so können Sie es von den Kindern selbst bestätigt hören, wenn sie einige Jahre älter geworden sind und Mitteilungen davon machen können." (S. Freud 1969, S. 310)

E. Erikson beschreibt die anale Phase als die Zeit, in der das Kind „Autonomie" erwirbt. Aus diesem Grund soll das Kind gegen das Gefühl des Versagens und die damit verbundenen Schamgefühle geschützt werden. Wohl zu keiner Zeit der kindlichen Entwicklung wird jedoch das Wort *Schämen* als Erziehungsmittel häufiger benutzt als zu dieser Zeit, insbesondere im Zusammenhang mit der Reinlichkeitserziehung, der in unserem Kulturkreis erhöhte Aufmerksamkeit geschenkt wird.

Empirische Untersuchungen (vgl. T. Fuchs 1969) belegen, daß das Sauberkeitstraining – das mit Liebesentzug als verbreitetstem Erziehungsmittel operiert – häufig zu einem Zeitpunkt einsetzt, zu dem das Kind weder physisch noch psychisch in der Lage ist, den Anforderungen der Erziehenden zu entsprechen. Wenn Erwachsene Zeitpunkt und Ort der kindlichen Defäkation bestimmen, geraten die Interessen und Autonomiebestrebungen des Kindes zwangsläufig in Widerspruch zu den erzieherischen Forderungen. Wird der Konflikt zwischen Autonomiebestrebungen und Abhängigkeitswünschen für das Kind zu groß, kann dies zur Aufgabe des Unabhängigkeitsbedürfnisses und zur willigen Unterwerfung unter den als Aggressor erlebten Erwachsenen führen, womit schließlich dem kulturellen Wert- und Normensystem entsprochen wird, das eben ein stets sauberes, geruchloses und pünktlich funktionierendes Kind fordert.

Auch die englische Psychologin S. Isaacs warnt – gestützt auf ihre Kinderbeobachtungen – eindringlich vor den Gefahren einer rigiden Reinlichkeitserziehung und vor übertriebenen Forderungen auf diesem Gebiet. Ein zu früh erfolgtes Anpassen des Kindes an den „Erwachsenen-Reinlichkeits-Standard" kann zu schweren seelischen Erschütterungen führen. Es ist in keiner Weise gesichert, so nach S. Isaacs (1971, S. 36), daß Kinder, die besonders früh „sauber" sind, sich „in jeder Hinsicht zufriedenstellend entwickeln" oder gar „sozial besonders wertvolle Menschen werden."

Die übertriebene Sauberkeitserziehung hat neben der Be- bzw. Verhinderung der kindlichen Autonomiebestrebungen noch eine weitere Konsequenz, die für die Sexualerziehung von Bedeutung ist: die Tabuisierung des Anal- und Genitalbereichs durch die Erziehenden.

Diese Tabuisierung kann bereits in der vorhergehenden Phase manifest werden, wenn beispielsweise die Bezugsperson die entsprechenden Körperstellen nicht mit derselben zärtlichen Intensität und Unbefangenheit pflegt wie die übrigen Körperteile. Sie äußert sich auch darin, wenn die Erziehenden darauf bedacht sind, daß das Kind diese Körperstellen stets verdeckt, insbesondere vor fremden Menschen, und wenn es seine Bezugspersonen nie nackt zu sehen bekommt.

Oftmals wird die negative Bewertung der Geschlechtsorgane noch verstärkt durch Ekelreaktionen, die die Erwachsenen den Ausscheidungsorganen und -funktionen gegenüber zeigen. Dadurch gerät das Kind in einen Konflikt. Das lustspendende Objekt des Kindes und der vom Erziehenden gewünschte Vorgang der Defäkation wird negativ sanktioniert, sobald das Kind mit seinem Kot spielen und schmieren möchte. Um einem drohenden Liebesentzug zu entgehen, bleibt dem Kind nur der Ausweg, die negative Einstellung der Erwachsenen gegenüber den Analorganen und -funktionen zu übernehmen.

In der analen Phase macht das Kind auch die ersten Erfahrungen, was es heißt Frau/Mädchen oder Mann/Junge zu sein. Es erkennt, daß sich sein Geschlecht nicht mehr ändern läßt.Das Kind sammelt Informationen über Eigenschaften, die typisch für Jungen und typisch für Mädchen sein sollen. Mit großer Aufmerksamkeit werden Werturteile über das eigene und andere Geschlecht registriert und in die eigenen Verhaltensweisen eingebaut, soweit sie zueinander passen.

3.3 Phallische Phase

In der dritten, der phallischen oder infantil-genitalen Phase (3. bis 5. Lebensjahr) rückt die Genitalbefriedigung in den Vordergrund und deutet die Vorherrschaft der Genitalsexualität an. Über diese Phase schrieb S. Freud (1969, S. 321 f):

„Schon vom dritten Lebensjahre an ist das Sexualleben des Kindes all diesen Zweifeln unterzogen; um diese Zeit beginnen bereits die Genitalien sich zu regen, es ergibt sich vielleicht regelmäßig eine Periode von infantiler Masturbation, also Genitalbefriedigung. Die seelischen und sozialen Äußerungen des Sexuallebens brauchen nicht mehr vermißt zu werden; Objektwahl, zärtliche Bevorzugung einzelner Personen, ja Entscheidung für eines der beiden Geschlechter, Eifersucht, sind durch unparteiische Beobachtungen unabhängig und vor der Zeit der Psychoanalyse festgestellt worden und können von jedem Beobachter, der es sehen will, bestätigt werden. Sie werden einwenden, an dem frühen Erwachen der Zärtlichkeit haben Sie nicht gezweifelt, nur daran, daß diese Zärtlichkeit den ‚sexuellen' Charakter trägt. Diesen zu verbergen haben die Kinder allerdings zwischen drei und acht Jahren bereits gelernt, aber wenn Sie aufmerksam sind, können Sie für die ‚sinnlichen' Absichten dieser Zärtlichkeit immerhin genug Beweise sammeln ...

Der perverse Charakter einiger dieser Ziele hängt natürlich von der konstitutionellen Unreife des Kindes ab, welches das Ziel des Begattungsaktes noch nicht entdeckt hat ...

Das Sexualleben des Kindes zeigt vom dritten Lebensjahr an viel Übereinstimmung mit dem des Erwachsenen; es unterscheidet sich von dem letzteren, wie wir bereits wissen, durch den Mangel einer festen Organisation unter dem Primat der Genitalien, durch die unvermeidlichen Züge von Perversionen und natürlich auch durch weit geringere Intensität der ganzen Strebungen."

Zone des Lustgewinns ist beim Jungen der Penis, beim Mädchen konzentriert sich der Lustgewinn auf die Klitoris. Welche sexuellen Verhaltensweisen können Eltern und Erzieher/innen beobachten?

1) Die Masturbation: Es macht den Kindern Spaß, am Genital zu reiben. Die Masturbation stellt eine selbständige Triebbefriedigung dar, die die Abfuhr sexueller und aggressiver Spannungen intendiert. Da bei Kindern diese Triebbefriedigung nicht unbedingt an den Geschlechtsorganen sondern an jeder anderen erogenen Zone erfolgen kann, erweitert L. Schuh-Gademann (1972, S. 93) den Begriff der Masturbation auf „jede Manipulation des eigenen genitalen Apparates oder jener erogenen Zonen, die ihn ersetzen". Masturbation ist eine „normale" Erscheinung, die wohl bei allen Kindern auftritt, sofern sie genügend Fürsorge und Zuneigung erfahren haben.

2) Die sexuelle Neugier: Diese äußert sich in einer Schau- und Zeigelust, ferner in den Fragen nach sexuellen Dingen und im Verlangen, sich gegenseitig zu berühren („Doktorspiele"). Auch diese kindlichen Verhaltensweisen und Reaktionen sind wie die Masturbation sexuelle Aktivitäten, die von den Kindern als lustvoll empfunden werden. Sie sind ebenfalls als „normal" bzw. als Bestandteil der kindlichen Entwicklung zu sehen, da sie bei allen Kindern unterschiedlicher Kulturkreise zu beobachten sind, sofern die Restriktionen der Umwelt nicht zu stark sind.

Aus seiner Geschlechtsbewußtheit heraus ergibt sich für das Kind eine neue Einstellung gegenüber seinen Eltern, die S. Freud im sog. „Ödipuskomplex" analysiert hat. Die Beziehungen des Kindes zu den Eltern sind während dieser Phase, und dies gilt für Mädchen und Jungen gleichermaßen, durch eine hetero-sexuelle Bevorzugung, also eine Bevorzugung des andersgeschlechtlichen Elternteils, bestimmt. Im Normalfall erwählt sich der Junge die Mutter als „primäres Sexualobjekt" und betrachtet den Vater als Rivalen in der Liebesbeziehung und dem Werben um die Gunst der Mutter. Die extremste Form der Rivalität mit dem Vater ist der unbewußte Wunsch, diesen weit weg, oder endgültig fort, d.h. tot zu wissen.

Während der Ablauf der ödipalen Phase bei Jungen von den Tiefenpsychologie recht ausführlich erforscht ist, wissen wir noch nicht allzu genau, was diese Phase für das Mädchen beinhaltet. Dem Schema zufolge gilt ihre „sexuelle“ Hinneigung dem Vater, dessen Liebe und Zuneigung es erhalten möchte. Die Mutter ist die Rivalin des Mädchens im Kampf um die Liebe und Zuneigung des Vaters. Für Mädchen und Jungen nehmen die Identifikationsvorgänge in der phallischen Phase einen unterschiedlichen Verlauf, den B. Jäger (1987, S. 43 ff) wie folgt zusammenfassend beschreibt:

„Wenn auch die Entwicklung der weiblichen Sexualität weitgehend im Dunkeln bleibt, so läßt sich doch feststellen, daß sich das Mädchen in der Regel im Verlauf der infantil-genitalen Phase mit der Mutter identifiziert, was für das Mädchen vermutlich konfliktträchtiger ist als für den Jungen, stellt doch die geschlechtsspezifische Rollenzuweisung ein zusätzliches Problem dar. Denn die Identifizierung des Mädchens mit der Mutter bedeutet gleichzeitig, daß es sich damit abzufinden hat, zu einem minderwertigen Teil der Menschheit zu gehören. Die Kinder erleben in der Regel, daß der Vater mehr Macht in der Familie hat, die wichtigsten Entscheidungen trifft, für den Lebensunterhalt der Familie sorgt, daß die Mutter für Kinder und Haushalt zuständig ist, allenfalls dazuverdient. Frauen sind schwach und abhängig, Männer stark, selbständig und leistungsfähig. Damit wird der Besitz des männlichen Genitals zu einem wesentlichen Moment sozialer Privilegierung, wodurch das Haben oder Nichthaben eines Penis durchaus geeignet ist, dem Mädchen Mangelgefühle und dem Jungen das Gefühl der Überlegenheit zu vermitteln.

Dies gereicht allerdings beiden nicht zum Vorteil, denn der Junge ist so gezwungen, seine männliche Vorrangstellung durch reale Leistungen und Stärke zu behaupten, das Mädchen dagegen braucht sich in bestimmten Bereichen gar nicht so sehr bemühen, da von ihm ohnehin nicht erwartet wird, es dem Jungen gleichzutun. Versucht es das Mädchen aber dennoch, läuft es Gefahr, seine Geschlechtsidentität zu verlieren, wie der Junge durch Versagen seines Geschlechts beraubt werden kann ...

Die Rollendifferenzierung zwischen Jungen und Mädchen wird zusätzlich durch die Überbesetzung des kindlichen Erziehungsbereichs mit Frauen (Familie, Kindergarten, Grundschule) begünstigt. Dies fördert eine ‚Übersozialisierung‘ des Mädchens, das ... seine Geschlechtsrolle vorwiegend durch konkretes Verhalten weiblicher Bezugspersonen übernimmt. Demgegenüber lernt der Junge aufgrund der geringen direkten Kontakte mit Männern seine Geschlechtsrolle primär durch negativ definierte Verhaltensweisen weiblicher Bezugspersonen. Jungen tendieren daher mehr und mehr dazu, sich mit kulturellen Stereotypen der Männlichkeit zu identifizieren, die u.a. in Massenmedien, Bilder- und Kinderbüchern angeboten werden, wohingegen Mädchen sich mit konkreten Aspekten der weiblichen Rolle identifizieren. Diese männlichen Ideale sind von der Alltagsrealität der Väter und den Zukunftserwartungen der Kinder weit entfernt und helfen dem Jungen kaum, eine realistische Geschlechtsidentität zu entwickeln, so wenig wie das Modell der Frau als Mutter und Hausfrau dem Mädchen hilft, die engen Grenzen des gesellschaftlich geprägten Frauenbildes zu überspringen."

Die Gefahr von übermäßigen Ängsten und Schuldgefühlen ist gegeben, wenn das Kind ob seiner sexuellen Regungen und Bedürfnisse bestraft wird. So konnte S. Isaac beobachten, daß Kinder, die einer therapeutischen Behandlung bedürfen, meist solche Kinder sind, die für ihre Onanieversuche und „Doktorspiele" hart bestraft oder mit Kastration bedroht wurden. Nach Ansicht der Kinderpsychologin erübrigt sich eine Bestrafung des Kindes, da dieses von sich aus gewisse Schuldgefühle entwickelt und sich „schämt und unglücklich ist". (S. Isaac 1971, S. 112)

In der phallischen Phase können noch weitere typische sexuelle Manifestationen beobachtet werden, wie folgendes Zitat bezeugt:

„Eine dieser Manifestationen ist das Sehenwollen, das gewöhnlich in der phallischen Phase am stärksten ausgeprägt ist, und das Gegenstück, das Zeigenwollen. Das Kind hat den Wunsch, die Genitalien anderer zu sehen und seine eigenen zu zeigen. Selbstverständlich bezieht seine Neugier und sein Exhibitionismus andere Körperteile mit ein.

Eine weitere Komponente der Sexualität, die regelmäßig beim Kind vorhanden ist, ist die mit der Urethra und dem Urinieren zusammenhängende. Sie wird Urethralerotik genannt." (Ch. Brenner 1967, S. 36)

Die Urethralerotik zeigt sich häufig darin, daß die kleinen Jungen beim Urinieren probieren, wer von ihnen am weitesten pinkeln kann. Die Mädchen schauen diesem Wettspiel, sofern sie es dürfen, gerne zu und versuchen es den Jungen gleichzutun. Dabei müssen sie feststellen, daß sie nicht über so gute Voraussetzungen verfügen wie die Jungen. Unter Umständen kann sich hier der „Penisneid" entwickeln.

Ferner ist die phallische Phase die Zeit, in der das Kind eindringliche Fragen nach Zeugung, Schwangerschaft, Geburt und dem „kleinen Unterschied" stellt. Es möchte über sexuelle Fragen aufgeklärt werden, seine sexuelle Wißbegier befriedigt bekommen.

3.4 Latenzphase

Nach Abklingen der phallischen Phase, etwa um das 5./6. Lebensjahr, beginnt für das Kind ein Stadium der Beruhigung, die sog. Latenzphase, in der die sexuellen Interessen und Bedürfnisse zugunsten einer sachlichen, umweltbezogenen Haltung zurücktreten. Das Kind vollzieht eine innere Trennung von seinen Eltern und erwirbt dadurch mehr Selbständigkeit. Es ist nun auch nicht mehr so ungesteuert impulsiv: „Die gesamte Persönlichkeit des Kindes erscheint harmonischer und gefestigter." (S. Isaacs 1933, S. 320)

Wie schon vermerkt, sind die sexuellen Interessen des Kindes an seine Eltern als Folge der inneren Trennung nicht mehr gegeben. Sie werden, tiefenpsychologisch ausgedrückt, verdrängt. Da die sexuellen Antriebe bis zum Beginn der Pubertät zu „schlummern" scheinen, bezeichnet man diese Zeit als Latenzperiode.

„Doch darf", so Bittner, „eine solche Benennung nicht zu der Annahme veranlassen, das sexuelle Interesse und Empfänglichkeit für Lustempfindungen seien in dieser Phase vollständig latent geworden. ‚Es bricht', wie Freud feststellt, ‚zeitweise ein Stück Sexualäußerung durch ..., oder es erhält sich eine sexuelle Betätigung durch die ganze Dauer der Latenzperiode bis zum verstärkten Hervorbrechen des Sexualtriebes in der Pubertät.' ...

Es mag sein, daß die Latenzperiode vor (75 Jahren; M. B.), als Freud diese Sätze schrieb, überhaupt noch ausgeprägter war als heute. Die physische Sexualreife tritt im Zusammenhang mit den Erscheinungen eines allgemeinen Entwicklungswandels früher auf als zur Zeit der Entdeckung Freuds. Die Kinder nehmen so viele sexuelle Anregungen aus ihrer Umwelt auf, daß eine Zeit wirklicher Latenz der geschlechtlichen Antriebe bei vielen Kindern kaum mehr zu beobachten ist."(G. Bittner 1971, S. 23 f)

Wie dieses Zitat verdeutlicht, sollte die Latenzphase nicht zu der Annahme verleiten, daß während dieser Zeit die geschlechtlichen Antriebe und Interessen als auch die Empfänglichkeiten für Lustempfindungen nicht mehr bestehen. Die Kinder machen vielmehr in der Regel etwas konkretere sexuelle Erfahrungen mit Menschen außerhalb der Familie. Ihr sexuelles Interesse und Verlangen richtet sich auf andere Kinder, z. B. auf Spielkameraden oder Kinder im Kindergarten.

Daß die geschlechtlichen Antriebe bei Kindern in der Latenzphase weiterhin vorhanden sind, bezeugen u. a. auch die Redensarten, Sprüche, Reime und „geheimen“ Zeichnungen der Kinder. In einer großangelegten Studie „Zur Befreiung des Kindes“ hat E. Borneman (1976) eindringlich dokumentiert, wo die Lust an der „unordentlichen Sexualität“ weiterlebt. Er sammelte und klassifizierte die reichhaltige „Kindervolkslyrik“ auf der Straße, auf Spielplätzen und Schultoiletten: Sprüche und Reime über spezielle Körperteile und sexuelle Handlungen mit mehr oder weniger „ordinärem“ Charakter.

Zusammenfassend ist zu sagen, daß im großen und ganzen die sexuellen Antriebe zurückgestellt werden und die Kinder verstärkt ihre sexuellen Spiele vor den Erwachsenen verbergen, da sie sich der Einstellungen und Reaktionen dieser voll bewußt sind.

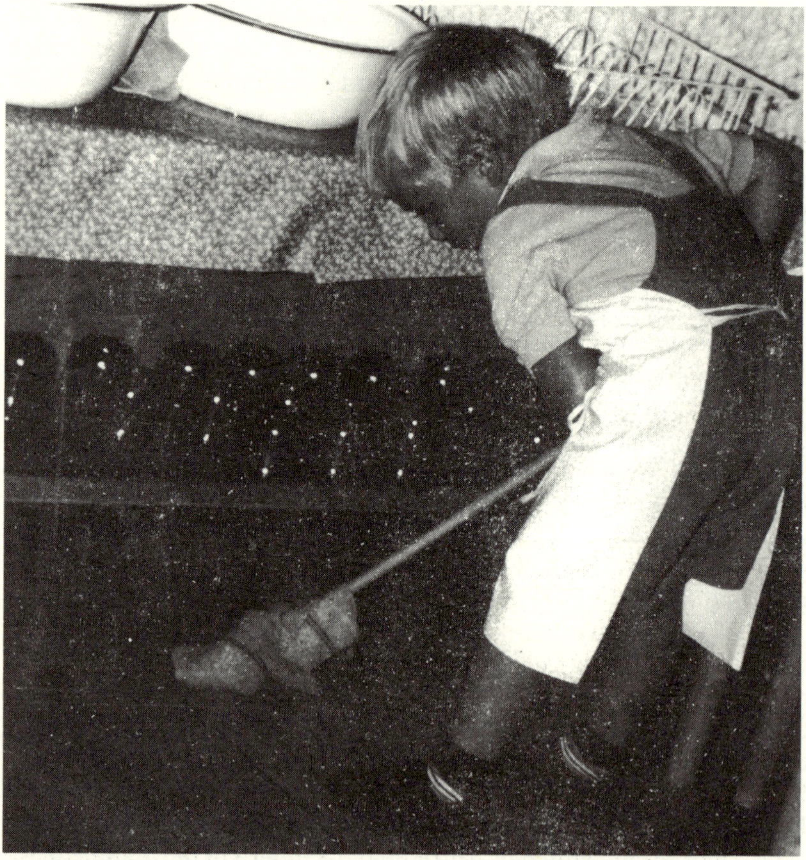

„Hausfrauenarbeit“ ist für Jungen in einem Kindergarten, der eine „rollenoffenere“ Geschlechtserziehung praktiziert, eine Selbstverständlichkeit. Foto: Susanne Ruthenberg

4. Ergebnisse einer Befragung zur Praxis der Sexualerziehung

Empirische Untersuchungen zur Praxis der Sexualerziehung im Kindergarten sind sehr selten. Nur L. Schuh-Gademann und L. Friebel/L. Fried haben bisher empirische Ergebnisse vorgelegt, an denen abgelesen werden kann, welche Folgen Desinteresse und Ratlosigkeit der Verantwortlichen haben.

L. Schuh-Gademann führte ihre Untersuchung 1970 in Winterthur (Schweiz) durch. Sie befragte insgesamt 60 Erzieherinnen, wobei jede zweite eine grundsätzliche Ablehnung der kindlichen Sexualität zeigte. Die Befragung ergab, daß von den Erzieherinnen z. B. wichtige Informationen zur Sexualität so gut wie überhaupt nicht gegeben und geschlechtliche Vorgänge eher verniedlicht oder idealisiert wurden. Die Ablehnung der Sexualität drückte sich u.a. darin aus, daß Geschlechtspuppen zurückgewiesen wurden. Jedoch war die Ablehnung kindlicher Sexualität bei der Mehrheit der Befragten nicht so stark, daß den Kindern jegliche wirklichkeitsgetreue Aufklärung vorenthalten wurde. Nur etwa 20% der Erzieherinnen lehnten geschlechtliche Aktivitäten der Kinder grundsätzlich ab. Zwar wurden die Kinder von diesen Erzieherinnen aufgeklärt, doch wurden letztlich die konkreten geschlechtlichen Vorgänge verschwiegen oder verschleiert. Eine sehr kleine Gruppe der befragten Erzieherinnen bejahte die kindliche Sexualität und befürwortete eine wirklichkeitsgetreue Aufklärung der Kindergartenkinder, die beispielsweise auch die Lustfunktion der Sexualität nicht verschweigt.

Die Ursachen für die überwiegend sexualfeindliche Einstellung der Befragten sieht L. Schuh-Gademann zum einen in der eigenen Sozialisation der Erzieherinnen, die bestimmte, auch sonst in unserer Gesellschaft zu beobachtende Einstellungen zur Sexualität entwickelten, zum anderen in der mangelhaften sexualpädagogischen Ausbildung. (vgl. L. Schuh-Gademann 1972, S. 157 ff)

Im Jahre 1979 stellten L. Friebel/L. Fried einem größeren Personenkreis die Ergebnisse ihrer im pfälzischen Raum durchgeführten Fragebogenerhebung vor. Sie befragten 100 Erzieherinnen und Eltern zur Notwendigkeit einer Sexualerziehung im Kindergarten. Es zeigte sich, daß ein erheblicher Teil der Befragten zur Sexualität nicht eindeutig Stellung nahm. Eine beachtliche Teilgruppe stand einer Sexualerziehung im Kindergarten ablehnend gegenüber. Bestimmte Aufklärungsbücher wurden von dieser Gruppe abgelehnt, und sie plädierte für ein Verbot von sexuellen Spielereien. Auf eine ablehnende Haltung weist auch der Sachverhalt hin, daß ein Teil der Eltern und Erzieherinnen die Meinung vertrat, man würde die Sexualität überbewerten. Andere Befragte lehnten Elternarbeit und Weiterbildungsmaßnahmen zur Sexualerziehung ab und zeigten so ihren Widerstand.

Eine Minderheit war allerdings kindlichen Sexualäußerungen gegenüber sehr offen und aufgeschlossen. Sie gestand den Kindern die Lustfunktion der erogenen Körperzonen zu, besprach mit den Kindern Einzelheiten der Zeugung, Schwangerschaft und Geburt. (vgl. L. Friebel/L. Fried 1979, S. 43 ff)

Die voranstehenden kurz beschriebenen Untersuchungen wurden vor einer Reihe von Jahren durchgeführt. Die Vermutung liegt nahe, daß die gewonnenen Daten inzwischen, bedingt durch die offenere Einstellung unserer Gesellschaft zur Sexualität, überholt sind. Es stellte sich mir die Frage: *Begegnen heute die Erziehenden in den Kindergärten der Kindersexualität toleranter und offener und akzeptieren sie Sexualäußerungen der Kinder?* Diese Frage wollte ich beantwortet wissen und entschied mich darum für eine eigene Fragebogenerhebung, deren wichtigste Ergebnisse ich wie folgt zusammenfasse.

Insgesamt versandte ich (im Frühjahr 1986) 110 Fragebögen an Kindergärten im süddeutschen Raum, von denen 75 ausgefüllt an mich zurückgesandt wurden. Davon konnten 15 Fragebögen wegen ungenügender Angaben nicht für die Auswertung berücksichtigt werden. Mein Fragebogen enthielt sowohl offene als auch geschlossene Fragen. Diese Unterscheidung bezieht sich auf den Spielraum der Beantwortung.

Bestürzt hat mich, daß ein großer Teil der nicht brauchbaren Fragebögen regelrechte Beschimpfungen enthielten. So schrieb z.B. eine Erzieherin: „Bestimmte Fragen beantworte ich nicht. Bei uns kommen solche Schweinereien nicht vor.“ Eine andere Erzieherin vermerkte: „Ihre Fragen zeigen für mich: Sie sind pervers.“ Eine Erzieherin meinte sogar: „Ich bin grundsätzlich gegen eine Sexualerziehung im Kindergarten. Meine Ansicht ist, daß Sexualerziehung Sache der Familie ist. Gegenwärtig tritt aber noch ein anderes Problem hinzu: die Angst vor *Aids*. Darum sind beispielsweise die sog. ‚Doktorspiele' im Kindergarten zu unterbinden. Die Gefahr einer Ansteckung ist bei solchen Spielen durchaus gegeben. Es könnte ja sein, daß ein mit Aids infiziertes Kind unter den Doktorspielenden Kindern ist. Der Kindergarten darf nicht zu einer Ansteckungsstätte werden. Schon allein wegen dieser Gefahr bin ich *entschieden* gegen sexuelle Aktivitäten im Kindergarten. Das sind wir auch den Eltern schuldig." Die Aidsgefahr ist für manche Erzieherinnen Grund genug, Sexualäußerungen von Kindern zu unterdrücken. Beispielsweise meinte eine der befragten Erzieherinnen: „Aids lauert heute überall, auch Kindergartenkinder können schon infiziert sein. Wer weiß das schon? Darum unterbinde ich jegliche Sexualäußerungen der Kinder." Und eine andere Erzieherin begründete mit folgenden Worten ihre Ablehnung meiner Untersuchung (!): „Ihre Fragebogenerhebung ist unsinnig. Haben Sie schon von Aids gehört? Anscheinend nicht, denn sonst würden Sie eine solche Fragebogenerhebung nicht durchführen. Sexuelle Spiele, wie z. B. Doktorspiele können Aids übertragen."

Trotz allem aber konnten 60 Fragebögen (die alle von Erzieherinnen ausgefüllt wurden) ausgewertet werden.

Es erschien mir wichtig in Erfahrung zu bringen, welchen Alters die Erzieherinnen waren. 40% der Befragten waren im Alter von 28-30 Jahren; 23,3% im Alter von 24-27 Jahren; 28,3% im Alter von 21-23 Jahren und der Rest von 8,3% im Alter von 33-35 Jahren. Es handelt sich also um Erzieherinnen verhältnismäßig jungen Alters, von denen zu vermuten ist, daß sie der Geschlechtlichkeit gegenüber liberaler eingestellt sind.

Ferner wollte ich erkunden, ob es Unterschiede gibt hinsichtlich der Erziehungseinstellungen zur Sexualität in katholischen, evangelischen und kommunalen Kindergärten. Darum fragte ich auch nach den Trägern der Einrichtungen. Fast die Hälfte (43%) der angesprochenen Einrichtungen hatte einen kommunalen, 57% einen kirchlichen Träger. Der Anteil der katholischen und evangelischen Träger war fast gleich. Es zeigte sich, daß die Trägerschaft für meine Thematik nicht von Bedeutung war, sie unterschieden sich in ihren Erziehungseinstellungen nicht signifikant.

Schwerpunktmäßig wurden u.a. folgende Inhalte angesprochen:

a) Werden von den Erzieherinnen kindliche Sexualäußerungen beobachtet? z.B. Doktorspiele, Onanie, sich nackt ausziehen u.a.m. Eine genauere Beschreibung wurde erbeten. Bei Nichtbeachtung von sexuellen Reaktionen wurde nach dem Grund gefragt.
b) Gibt es bei vorkommenden Sexualäußerungen geschlechtsspezifische Unterschiede?
c) Ergründet sollte werden, wie die Erzieherinnen reagieren, wenn sie Kinder bei geschlechtlichen Aktivitäten beobachten bzw. ob sexuelle Spielereien von vornherein als mögliche kindliche Reaktionen akzeptiert und toleriert oder abgelehnt werden.
d) Da anzunehmen ist, daß Kinder nach sexuellen Vorgängen ebenso unbekümmert wie nach anderen sie interessierenden Dingen ihrer Umwelt fragen, sollte erkundet werden, inwieweit die Kinder mit Fragen betreffend der Sexualität an die Erzieherinnen herantreten.
e) Holen sich die Eltern bei den Erzieherinnen Rat hinsichtlich der Sexualerziehung? Wenn ja, um welche Fragen, Probleme und Schwierigkeiten handelt es sich dabei konkret?
f) Von Bedeutung war noch, zu erfahren, inwieweit die Erzieherinnen sich über einschlägige Fachliteratur weiterbilden.
g) Vorhergehender Aspekt wurde konkretisiert, indem nach der Bekanntheit spezieller „didaktischer Einheiten" zur Sexualerziehung im Kindergarten und nach deren Brauchbarkeit für die Praxis gefragt wurde.
h) Auch das Wissen um Bilderbücher, die die Sexualität thematisieren, wurde erfragt, sowie deren Bedeutung als mögliche Unterstützung der Sexualerziehung im Kindergarten.
i) Abschließend konnten sich die Befragten über ihre Ausbildung äußern. Gefragt wurde nach der Vermittlung pädagogischen und psychologischen Wissens während der Ausbildungszeit und ob dieses ausreicht, um im Kindergarten sexualpädagogisch wirken zu können.

Zu a:
31,7% konnten keine sexuellen Äußerungen der Kinder beobachten. Als Begründung gaben 26,7% an, der Kindergarten würde durch die große Kinderzahl und vor allem durch die gut überschaubare Raumaufteilung sexuelle Aktivitäten nicht zulassen, zumindest erschweren. 23,3% meinten zusätzlich, die Kinder wüßten um die ablehnende Einstellung der Erzieherinnen und Eltern, insbesondere zu sexuellen

Spielereien. Diesen Sachverhalt beschrieb eine Erzieherin mit folgenden Worten, die exemplarisch die Einstellungen der Befragten zur kindlichen Sexualität illustrieren: „Die Kinder wissen um meine Ablehnung gegenüber solchen Handlungen wie ‚Doktorspiele' oder sich nackt ausziehen. Sie wissen auch, daß ihre Eltern so etwas nicht im Kindergarten dulden würden. Ergo: Die Kinder wagen es gar nicht, solche Spielereien auszuprobieren." Demgegenüber konnte der Rest von 68,3% folgende Sexualäußerungen beobachten (nach Häufigkeit aufgelistet):

- Onanie; „Doktorspiele" in der Puppenecke und auf der Toilette (31,7%);
- Gebrauch abwertender, „verrohter" Begriffe, die davon zeugen, daß für die Kinder bestimmte Körperzonen (insbesondere der Busen, der After und die weiblichen wie männlichen Genitalien) mit Schmutzvorstellungen besetzt sind (häufig äußert sich dies in Form von Sprüchen oder Reimen) (28,3%);
- sich nackt in der Puppenecke, Toilette oder während der Turnstunde ausziehen (25%);
- angezogen sich umarmen, küssen und streicheln (21,7%);
- nackt sich umarmen, küssen und streicheln (20%);
- Urinierspiele; die Jungen probieren auf der Toilette oder im Freien aus, wer von ihnen am weitesten pinkeln kann. Immer wieder gibt es Mädchen, die zuschauen oder sich auch aktiv am Wettbewerb beteiligen, wenn auch mit wenig Erfolg (13,3%);
- die Kinder zeigen starkes Interesse für das „kleine" und insbesondere „große Geschäft", welches sie gerne auf der Toilette besichtigen (11,7%).

Hier eine Auswahl von Beispielen, wie sie mir mitgeteilt wurden:

„Vesper im Kindergarten: Michael (6 Jahre), Susanne (4 Jahre/ 2 Monate) und Norbert (3 Jahre/ 10 Monate) sitzen am Tisch. Michael sagt zu den am Vespertisch sitzenden Kindern: ‚Hört mal zu, ich weiß einen lustigen Vers:

Ilse Bilse
keiner will se
kam der Koch
nahm se doch
und schob ihr was ins Loch.'

Die beiden Mädchen lachen laut auf und schubsen sich vor Vergnügen an. Nach einer gewissen Zeit der Erheiterung gibt Christine auch einen Spruch zum Besten:

‚Spaß muß sein
sprach das Schwein
und schob die Eier mit hinein.'

Ein erneutes Lachen flammt auf. Ob die Kinder die Sprüche letztlich kapieren, ist nicht zu erkennen. Jedenfalls wissen sie, so scheint es, daß es sich hier um etwas Verbotenes, Unanständiges handeln muß. Im weiteren Verlauf der Vesper hört man am Tisch Wörter wie Kacke, Scheiße, Zipfel, Arschloch usw. Christine ruft vergnügt quer über den Tisch zu einer spielenden Kindergruppe: ‚He, wißt ihr, wo ich wohne?' ‚Nein!' ‚Dann sag ich's euch: Im Popoarschloch wohne ich!' Michael, Susanne und die angesprochene Kindergruppe lachen über Christines Ausspruch. Nur Norbert scheint von den Vorgängen nicht berührt zu werden. Seelenruhig ißt er an seiner Brezel weiter, verzieht keine Miene, schaut nur ab und zu erstaunt die kichernden Kinder an.

Am nächsten Tag kommt Norberts Mutter aufgebracht in den Kindergarten. Sie ist sehr erzürnt und beklagt sich bei der Leiterin über die im Kindergarten stattfindenden Schweinereien. Die Mutter meint, die Erzieherin müsse solche Vulgärausdrücke verbieten. Sie droht mit einer Herausnahme ihres Kindes aus dem Kindergarten, falls die ‚Schweinerei' kein Ende nimmt. ‚Ich schicke doch meinen Jungen nicht in den Kindergarten, damit er mir dort verdorben wird, sondern damit er etwas Anständiges lernt, das ihm später zugute kommt', äußerte die Mutter."

„Drei Jungen (zwei türkische Jungen und ein deutscher Junge im Alter von 4 Jahren/6 Monaten, 4 Jahren/10 Monaten und 5 Jahren/2 Monaten) forderten mich zum ‚Vater-Mutter-Kind-Spiel' auf. Kaum war ich mit den Kindern in der Puppenecke, nahm sofort ein türkischer Junge eine Puppe, drückte diese in rhythmischen Bewegungen dem anderen türkischen Jungen zwischen die Pobacken und sagte dabei: ‚Ficke-ficke machen ist schön!' Während ich über diese Situation mehr als überrascht war, zeigten sich die Kinder darüber sichtlich erfreut."

„Während der Freispielzeit konnte ich beobachten, daß Dorian (3 Jahre/6 Monate) gerne Doktor spielen möchte. Mit dem Arztkoffer in der Hand ging er von Kind zu Kind und fragte, ob es mit ihm spielen wolle. Alle Kinder lehnten ab, nur Magdalena (3 Jahre/ 2 Monate) stimmte freundlich zu. Die beiden Kinder begaben sich in die Puppenecke, versorgten und pflegten liebevoll ihre Puppen- und Bärenkinder mit Tee und ‚Tabletten'. Ich hörte den Jungen sagen: ‚Magdalena, jetzt bist du krank, unsere Kinder haben dich angesteckt. Du mußt aber in ein anderes Zimmer. Komm, gehen wir in den Nebenraum.' Nach einer gewissen Zeit fühlte ich mich verpflichtet, nach den beiden zu sehen. Als ich in das Zimmer eintrat, lag das Mädchen nackt auf der Couch, der Junge saß auf ihrem Rücken, mit erigiertem Penis, und hielt das Spielfieberthermometer an des Mädchens Po. Die Kinder bemerkten mich nicht sofort. Ich selbst muß gestehen, daß ich zunächst recht hilflos in der Türe stehen blieb. Ich spürte, wie es mir in dieser Situation nicht nur an pädagogischem Einfallsreichtum mangelte, sondern auch an einer gehörigen Portion Unbefangenheit. Als Dorian mich erblickte, sprang er sofort hoch, hielt sich die Hände vor das Gesicht und versteckte sich hinter der Couch. Magdalena dagegen blieb seelenruhig liegen. Sie lächelte mich an und sagte zu mir: ‚Weißt, ich bin sehr krank. Da muß mir mein Mann Fieber messen.' Und sogleich schrie sie nach ihrem Mann, daß er nun endlich kommen möge, um Fieber zu messen. Dorian traute sich jedoch nicht aus seinem Versteck heraus."

Zu b:
Von den Befragten, die Sexualäußerungen beobachteten, gaben 58,3% an, daß es sehr wohl geschlechtsspezifische Unterschiede gibt. So sind die Jungen wesentlich aktiver hinsichtlich sexueller Spielereien, wie sich nackt ausziehen und „Doktor spielen". Meistens geht von ihnen die Idee aus, und sie „verführen" dann die Mädchen zu solchen Spielen. Die gleiche Personengruppe meinte, die Mädchen wären wesentlich inaktiver und abwartender. Von ihnen gingen so gut wie keine sexuelle Aktivitäten aus. 30% beschrieben die „sexuellen" Verhaltensweisen der Mädchen noch etwas genauer. Demnach tauschen sie untereinander gerne und oft Zärtlichkeiten aus wie Küsse, Umarmungen, Händchenhalten und sich streicheln. Die Mädchen teilen diese Verhaltensweisen aber nicht Mit den Jungen, weil diese solche von vornherein ablehnten. 41,7% der befragten Erzieherinnen konnten keinen geschlechtsspezifischen Unterschied feststellen: Mädchen wie Jungen sind demnach gleich aktiv bzw. passiv.

Zu c:
31,7% (identisch mit der Personengruppe, die keine sexuellen Reaktionen im Kindergarten beobachtete) gaben an, sie würden sexuelle Äußerungen nicht dulden. Als Grund ihrer Einstellung nannten diese Erzieherinnen, daß ihnen Träger, Eltern und Kollegen bei sexuellen Vorkommnissen Schwierigkeiten macht. Wie unter Punkt a schon ersichtlich, beobachteten 68,3% der Befragten intensive sexuelle Äußerungen der Kinder. Von dieser Personengruppe tolerieren jedoch nur 13,3% konkrete kindliche Sexualäußerungen. Demnach verbieten diese Erzieherinnen z.B. nicht die „Doktorspiele in der Kuschelecke", ebenso das sich „Ausziehen der Kinder (im Sommer)" und das „sich auf der Toilette zur Schau stellen". Demgegenüber lenkt der Rest (55%) von (beginnenden) sexuellen Handlungen ab. Ist ein Ablenken nicht möglich, sprechen 25% ein eindeutiges Verbot aus oder stellen die Kinder „zur Rede". Niemand von den 55% will die Kinder bei „Ertappung" von sexuellen Aktivitäten in irgendeiner Weise bestrafen.

Zu d:
Fragen, die Zeugung und Geburtsvorgang betreffen, wurden von 86,7% der Befragten angegeben. 58,3% berichteten von „bohrenden" Fragen der Kinder nach dem „kleinen Unterschied". 42,7% teilten mit, daß bei den Kindern ein großes Interesse speziell an den Geschlechtsteilen der Erwachsenen bestünde: „Warum diese z.B da unten Haare haben? Warum die einen Männer einen großen Penis haben, andere dagegen einen kleinen? Warum Frauen einen Schlitz haben?" Des weiteren gaben 18,3% an, die Kinder würden auch Fragen nach der Empfängnisverhütung stellen. Warum manche Frauen keine Kinder haben? 8,3% berichteten noch von Verwirrung stiftenden Diskrepanzen zwischen Familien-, Kindergarten- und Straßenaufklärung. So sind beispielsweise die Kinder verwirrt von den vielen Bezeichnungen, die es für die Geschlechtsteile wie auch für den Geschlechtsakt gibt. 76,7% sagten aus, sie würden nur dem fragenden Kind die spezielle Frage beantworten, also diese nicht zum Thema für die Gruppe oder einen Teil dieser (z.B. die älteren Kinder) werden lassen. Ein beachtlicher Anteil dieser Personengruppe (68,3%) hält es dabei für dringend erforderlich, vor einer Aufklärung des Kindes die Einwilligung der Eltern einzuholen.

Zu e:
41,7% der befragten Erzieherinnen sagten aus, daß die Eltern, über-

wiegend die Mütter, vereinzelt auch mal ein Vater, bei ihnen Ratschläge einholen. Diese sind überwiegend Akademiker, bzw. „besser Gestellte", die sowieso von vornherein an der Erziehung ihrer Kinder ein großes Interesse haben. Mit folgenden Fragen treten beispielsweise die Eltern an die Erzieherinnen heran: „Wie sollen wir unser Kind aufklären?", „Sollen wir die Selbstbefriedigung unseres Kindes übersehen?", „Ist es nicht besser, die vulgären Wörter unseres Kindes zu überhören?", „Wie sollen wir unser Kind auf die Ankunft seines Geschwisterchens vorbereiten?" u.a.m. Nach Meinung von 58,3% stellen die meisten Eltern keine Fragen bezüglich der Sexualität; die Eltern sehen diesen Intimbereich als alleinige Angelegenheit der Familie, der niemanden sonst etwas angeht.

Zu f:
58,3% der Befragten konnten keine Literatur zur Sexualerziehung im Vorschulalter angeben. 36,7% beanstandeten, daß dieses Thema von den gängigen Fachzeitschriften zur Vorschulerziehung (z.B. „kindergarten heute", „Welt des Kindes", „Theorie und Praxis der Sozialpädagogik", „Unsere Jugend" und „Sozialpädagogische Blätter") so gut wie nicht aufgegriffen wird. Demgegenüber konnte der Rest (41,7%) eine sehr differenzierte Publikationsliste nennen:

„Mein Körper – dein Körper" (H. Wichert, 1981: 36,7%).

33,3% nannten folgende Veröffentlichungen:

„Sexualerziehung im Kindergarten?" (K. Schüttler-Janikulla, 1971); „Kindersexualität und Elementarpädagogik" (A. Krenz, 1985); „Sexualerziehung im Kindergarten" (K. Schüttler-Janikulla, 1981); „Erziehung zu Lust und Liebe" (U. Beer, 1977); „Sexualerziehung im Elementarbereich" (L. Gademann, 1977); „Sexualerziehung" (R. Thiersch, 1972).

26,7% sind folgende Publikationen bekannt:

„Erziehung zur Zärtlichkeit" (H. Wichert, 1983); „Das Kind und seine Sexualität" (I. Reinhardt, 1978); „Geschlechtserziehung im Rahmen der Gesamterziehung des Kleinkindes" (I. Gehartz, 1969); „Sexualerziehung im Kindergarten" (N. Huppertz, 1984); „Sexualerziehung im Kindergarten aus der Sicht der Erzieherinnen und Eltern" (L. Friebel/L. Fried, 1981). Die folgenden Veröffentlichungen wurden von 21,7% der befragten Erzieherinnen genannt:

„Sexualerziehung im Kindergarten: Einstellungen und Gegebenheiten" (D. Elschenbroich, 1978); „Sexualerziehung als Aufgabe der Elternarbeit – am Beispiel Kindergarten“ (N. Huppertz, 1978); „Sexualerziehung in Familie und Kindergarten“ (N. Huppertz, 1976); „Liebeserziehung im Kleinkindalter“ (N. Huppertz, 1983); „Beurteilung von Materialien zur Sexualerziehung im Vorschulalter“ (N. Huppertz, 1974); „Geschlechtserziehung im Kindergarten“ (G. Gebhardt, 1976) und „Ansatz zu einer ‚integrierten Sexualerziehung‘“ (K. Utz, 1984).

16,7% gaben nachstehende Aufsätze und Bücher an:

„Bilderbücher für die Sexualerziehung im Vorschulalter“ (N. Huppertz, 1975); „Geliebte Kinder – liebende Kinder“ (N. Huppertz, 1981); „Erziehung zur Liebesfähigkeit“ (L. Schuh-Gademann, 1972).

8,3% nannten:

„Integration türkischer Kinder in den Kindergarten“ (E. Müller, 1984); „Wie sag' ich's meinem Kinde“ (R. Bonnekamp, 1978); „Ansätze zur Sexualerziehung im Elementarbereich“ (M. Krug/H. Seehausen, 1978).

Zu g:

15% beantworteten diese Frage nicht.

13,3% nannten die „didaktische Einheit“ „Von der Liebe die Nahrung ist“ (R. Gerstacker-Zimmer, 1984). Die „didaktische Einheit“: „Die Hochzeit ist der Höhepunkt in Sirins Leben“ (R. Gerstacker-Zimmer, 1984) wurde ebenfalls von 13,3% angegeben. 8,3% gaben die folgenden „didaktischen Einheiten“ an: „Baby“ (E. Götte, 1984); „Junge und Mädchen“ (Arbeitsgruppe Vorschulerziehung, 1980). Die Einheiten „Von der Liebe die Nahrung ist“, „Baby“ und „Geburt und Zärtlichkeit“ wurden von den befragten Erzieherinnen als brauchbare Anregungen für eine Sexualerziehung im Kindergarten abgelehnt. Ihrer Meinung nach heben diese Einheiten zu sehr sexuelle Aktivitäten hervor; und außerdem seien die Praxisvorschläge „an den Haaren herbeigezogen.“ Demgegenüber wurden die Einheiten „Junge und Mädchen“ und „Die Hochzeit ist der Höhepunkt in Sirins Leben“ „als gut brauchbar für die Praxis“ beurteilt. 36,7% kannten keine didaktischen Einheiten zur Sexualerziehung im Kindergarten.

Zu h:

Von 18,3% wurde die Frage nach sexualpädagogischen Bilderbüchern u.a. Materialien nicht beantwortet. 23,3% kannten keine Bilderbücher, die die Sexualerziehung im Kindergarten unterstützen könnten.

58,3% kannten folgende Bilderbücher: „Peter, Ida und Minimum", Ravensburg 1979; „Peter bekommt eine Schwester", Velber 1973; „Ich bekomme einen Bruder", Ravensburg 1973; „Tanja und Fabian", Gütersloh 1974; „Wie Vater und Mutter ein Kind bekommen", Heidelberg 1972; „Mutter erzählt mir alles", München 1971.

8,3% nannten als weitere Materialien die Fotoposter der „didaktischen Einheit" „Geburt und Zärtlichkeit".

Eindeutig wurde von 45% die Möglichkeit, das Bilderbuch sexualpädagogisch im Kindergarten zu verwenden, abgelehnt. Diese Personengruppe möchte über Bilderbücher nicht sexuelle Fragen, Reaktionen oder Spielereien „heraufbeschwören", nicht über das Medium Bilderbuch zur Sexualität animieren. Demgegenüber erhielt das Bilderbuch als mögliches sexualpädagogisches Hilfsmittel nur von 13,3% der befragten Erzieherinnen (identisch mit der Gruppe, die Sexualäußerungen toleriert) Zuspruch.

Zu i:
88,3% sind mit der Situation, wie die Sexualerziehung im Vorschulalter während ihrer Ausbildungszeit besprochen und aufgearbeitet wurde, sehr unzufrieden. Wenn die Sexualerziehung im Unterricht behandelt wurde, dann, so nach Angabe von 75% der Befragten, ging man überwiegend nur auf das Jugendalter ein, während die frühkindliche Sexualität so gut wie überhaupt nicht, insbesondere bezogen auf den Kindergarten, besprochen wurde.

18,3% bemängelten die Tatsache, daß sie nicht auf spezifische sexuelle Verhaltensweisen der Kindergartenkinder vorbereitet wurden wie Onanie, sich nackt ausziehen, Exhibieren usw.

11,7% erachteten die Behandlung der Sexualerziehung im Kindergarten während der Ausbildungszeit als überflüssig, zumal diese Angelegenheit der Familie sei.

Insgesamt ist festzuhalten:
Die von mir vorgenommene Fragebogenuntersuchung zeigt, daß ein erheblicher Anteil von Erzieherinnen kindliche Sexualäußerungen nicht beachtet. Hat die tiefenpsychologisch orientierte Berliner Kindergärtnerin N. Wolfheim vielleicht mit ihrer bereits 1930 getroffenen Feststellung auch heute noch recht, wenn sie meinte, die in den Kindergärten tätigen Erzieherinnen würden hinsichtlich der Kindersexualität „das nicht sehen, was (sie; M.B.), wenn vielleicht auch un-

bewußt, nicht zu sehen" wünschen? (N. Wolffheim 1973, S. 123) Von den befragten Erzieherinnen, die kindliche sexuelle Reaktionen beobachteten, lenkt ein beachtlicher Teil die Kinder von ihren Handlungen ab, bzw. verbietet sexuelle Aktivitäten. Hier zeigt sich m. E. wie sehr Sexualität für Kinder abgelehnt und innerhalb der Kindergartenpädagogik tabuisiert wird. Es ist anzunehmen, daß bei den betroffenen Erzieherinnen in diesem Bereich eine ausgeprägte Verhaltensunsicherheit vorliegt, sie nicht gelernt haben, mit kindlichen Sexualreaktionen umzugehen.

Daß die Kinder Fragen zur Sexualität stellen, fällt auf. Ein Beweis dafür – neben den anschaulichen Praxisbeispielen –, wie sich Kindergartenkinder mit sexuellen Dingen beschäftigen. Oder sind Fragen zur Sexualität seitens der Erwachsenen weniger tabuisiert als konkrete sexuelle Handlungen? Fällt es den Erwachsenen leichter, auf Fragen als auf sexuelle Reaktionen der Kinder zu reagieren?

Mich jedenfalls verwundern die Fragen der Kinder, ist doch die pädagogische Umwelt der Kindergärten nicht gerade sexualfreundlich gestaltet, um auf kindliche Verbalisierungen motivierend zu wirken.

Wie sehr die Erzieherinnen durch kindliche Sexualäußerungen verunsichert werden, zeigt sich auch in der Widersprüchlichkeit der Antworten auf meine Fragen. So wurde beispielsweise immerhin von 47,7% der Befragten eine ausführliche Publikationsliste vorgelegt, einschließlich der Angaben über Autor/in, Erscheinungsjahr und in welchem Heft bzw. Buch der Artikel erschien. Dadurch entsteht der Eindruck, eine beachtliche Anzahl von Erzieherinnen würde sich mit der Kindersexualität intensiver befassen, Anregungen, Ratschläge oder ähnliches suchen. Dieser Eindruck verstärkt sich, wenn man bedenkt, daß die Erzieherinnen Aufsätze anführten, die schon vor vielen Jahren publiziert wurden und meist in Sammelbänden veröffentlicht sind, also nur durch intensives Suchen ausfindig gemacht werden können.

Nur wer an der Sexualität der Kinder ein Interesse hat, nimmt m.E. den beschwerlichen Weg der Literatursuche auf sich. Da aber fast alle von den Erzieherinnen genannten Publikationen für eine repressionsfreie Sexualerziehung plädieren, diese die kindliche Sexualität als eine normale Reaktion im Kindergartenalltag sehen, wäre doch zumindest von einem größeren Teil der Befragten mehr Aufgeschlossenheit und Toleranz zu erwarten gewesen, zumal anzunehmen ist, daß sich die Beschäftigung mit Fachliteratur auf die Praxis auswirkt. Somit wird die sexualfeindliche Einstellung der Befragten noch unverständlicher. Ich denke, und das mag eine ungerechte Unterstellung sein, daß die Erzieherinnen „gut“ dastehen wollten und, angeregt durch die Frage, nach „exklusiven“ Veröffentlichungen suchten.

Wie sehr die Erzieherinnen aber sexuelle Reaktionen im Kindergarten nicht wünschen, äußert sich auch in der Ablehnung bestimmter „didaktischer Einheiten“ und dem Bilderbuch (mit sexuellem Inhalt) als möglichem Medium zur Unterstützung einer Sexualerziehung im Kindergarten.

Dagegen werden die „didaktischen Einheiten“ als „gut brauchbar für die Praxis“ eingestuft, die die konkrete Kindersexualität mehr oder weniger verschweigen.

Dem widerspricht auch die Klage vieler Erzieherinnen, von der einschlägigen Fachliteratur sowie von den Ausbildungsinstitutionen werde die Sexualität der Kinder zu wenig berücksichtigt. Anscheinend erfahren die Erzieherinnen doch immer wieder Situationen, in denen sie mit sexuellen Äußerungen der Kinder konfrontiert werden und Ablenken und Verbieten als einzige „pädagogische Handlungen“ nicht mehr genügen. Und so bleibt letztlich unklar, was sich diese unzufriedenen Erzieherinnen von den Fachzeitschriften und den Ausbildungsinstitutionen erhoffen, und auch, *warum* sie von diesen etwas erwarten. Wird vielleicht doch von einigen erahnt, wie sehr Kindersexualität eine Normalität ist und diese von ihnen unterdrückt wird? Wenn die Erzieherinnen kindlichen Sexualhandlungen so befangen begegnen, wie aus der Fragebogenuntersuchung hervorging, ist daran zu zweifeln, daß sie die neugierigen und drängenden Fragen der Kinder unbefangen beantworten und auch den fragenden Eltern hilfreiche Antworten geben können.

Eltern wie Kinder treten ja mit Fragen zur Sexualität an die Erzieherinnen heran.

Darum erscheint es mir hier besonders wichtig zu ergründen, welche Ängste, Emotionen und Einstellungen die Erzieherinnen daran hindern, den sexuellen Äußerungen der Kinder mit mehr Liberalität und Unbefangenheit zu begenen. Das ist aber Sache jedes einzelnen, jeder einzelnen.

Mein Fazit lautet also: *Meine Vermutung, die in den Kindergärten tätigen Erzieherinnen wären der kindlichen Sexualität gegenüber offener und liberaler eingestellt, hat sich nicht bestätigt.*

5. Folgerungen für die pädagogische Praxis

Die Frage – Sexualerziehung im Kindergarten: ja oder nein? – ist, wenn wir uns das bisher Gesagte noch einmal vergegenwärtigen, aus drei Gründen mit ja zu beantworten:

1. Die geschilderten Praxisberichte aus Vergangenheit und Gegenwart bezeugen, daß der/die Erzieher/in im Kindergarten nicht umhin kommt, auf sexuelle Äußerungen der Kinder pädagogisch sinnvoll zu reagieren. Er/sie wird immer handeln, auch dann, wenn er/sie nichts sagt und bestimmte kindliche Sexualhandlungen bewußt übersieht. Auch damit ist er/sie schon sexualerzieherisch tätig: keine Sexualerziehung ist ebenfalls eine Sexualerziehung.
2. Kinder sind keine geschlechtslosen Wesen. Die Sexualität ist im Menschen als Urkraft von Geburt an – ja sogar schon vorher – vorhanden und unterliegt dem Gesetz der psychosexuellen Entwicklung. Ihre sexuellen Interessen und Bedürfnisse legen die Kinder nicht vor der Kindergartentür ab. Sie zeigen sie auch in der Kindergruppe, vorausgesetzt, die Kinder müssen ihre Bedürfnisse und Interessen nicht verheimlichen, weil sie eingegrenzt werden durch das Vorbild schamhafter und prüder Erzieher/innen.
3. Da der Auftrag des Kindergartens die familienunterstützende Erziehung ist, hat er auch die Aufgabe, die Sexualerziehung der Familie zu unterstützen, in manchen Fällen sogar die Verpflichtung zur kompensatorischen Sexualerziehung. Demnach ist die Unterscheidung von sexueller Erziehung in der Familie und im Kindergarten nur theoretisch. In der Praxis sind die gegenseitigen Beeinflussungen nicht voneinander zu trennen.

Meine folgenden Praxisvorschläge orientieren sich an dem situationsorientierten Arbeitsansatz. Das heißt nach F. Oertel für die Sexualerziehung:

„– Lernen geschieht auf ... der Basis von Erfahrungen; der Kindergarten muß sich als ein wichtiger, pädagogisch gestalteter „Erfahrungsraum“ verstehen.

- Erfahrungen werden in der Regel in den konkreten Situationen des Alltags gewonnen, nicht in vom Leben isolierten Übungen.
- Lernen in konkreten Situationen bedeutet immer eine Einbeziehung der gesamten Persönlichkeit des Kindes ...
- Intensive Beobachtung des Alltagslebens in der Kindergruppe ist Voraussetzung, um situationsorientiertes Arbeiten einleiten und weiterentwickeln zu können ...
- Das situationsorientierte Vorgehen muß ständig von der Erziehergruppe begleitet und reflektiert werden, setzt also Zusammenarbeit der Mitarbeiter des Kindergartens voraus.
- Das Alltagsleben umfaßt nicht nur die gezielten Angebote, sondern die gesamte Gestaltung der Kindergartenarbeit, d.h. den Tagesablauf überhaupt: er muß flexibel an den Bedürfnissen und Interessen der Kinder orientiert sein ...
- Angebote werden flexibel gehandhabt und je nach Bedarf an unterschiedlich sich bildende Kleingruppen zu verschiedenen Zeitpunkten herangetragen; es besteht keine Teilnahmeverpflichtung ...
- An die Stelle einer vorab bestimmten, nach Lernzielen und Stoffplänen gegliederten Wochen- und Rahmenplanung tritt eine offene Planung, die sich an den Bedürfnissen der Kinder orientiert.
- Erzieher sind nicht allwissende Lehrende, sondern Partner von Kindern und Eltern, die dazu beitragen, Erfahrungsmöglichkeiten zu schaffen und zu erschließen.“ (F. Oertel 1982, S. 8 f)

Auf dem Hintergrund eines solchen Arbeitsansatzes müssen die Vorschläge zur praktischen Gestaltung der Sexualerziehung gesehen werden. Keinesfalls geht es hier um „Rezepte“, sondern um Vorschläge, die im Verlauf eines Kindergartenjahres wichtig werden können. Die Vorschläge müssen jedoch – und das ist besonders zu betonen – nicht unbedingt aktuell sein und insgesamt nicht in der vorgelegten Form realisiert, sondern je nach Situation und Bedingungen modifiziert werden.

5.1 Kindersexualität und Sozialisationsgeschichte der Erzieher/innen

Erinnern wir uns der Fragebogenergebnisse, die ersichtlich werden ließen, daß sexualpädagogische Aspekte aus der Erziehungswirklichkeit der Kindergärten ausgeklammert werden. Kindliche sexuelle Reaktionen werden entweder überhaupt nicht wahrgenommen, oder die Kinder werden von sexuellen Handlungen abgelenkt oder „zur Rede gestellt". Nur eine kleine Minderheit, die kaum ins Gewicht fällt, gesteht Kindergartenkindern einen eigenen Sexualbereich zu. Wir können daraus schließen, daß die Einstellung zur Sexualität u.a. auch von der eigenen Sozialisationsgeschichte der Erzieher/innen mitgeprägt wird. Gerade im Bereich der Sexualität äußern sich konkret die persönlichen Wertmaßstäbe, Zielvorstellungen und weltanschaulich unterschiedlichen Positionen. Da aber der/die Erzieher/in als „ganzer Mensch" erzieht, ist er/sie verpflichtet, seine/ihre eigene Werte- und Normskala hinsichtlich der Sexualität zu reflektieren.

Daraus ergibt sich als oberstes Gebot aller Sexualerziehung im Kindergarten: Zunächst müssen sich die betroffenen Erwachsenen ihrer eigenen Ungereimtheiten und Defizite bezüglich der Sexualität bewußt werden, angefangen bei Wissenslücken bis hin zu Tabu-Themen. Hier geht es im ersten Schritt nicht um die Veränderung persönlicher Grenzen. Vielmehr ist es nötig, sich über die Reichweite eigener Gefühle, Betroffenheiten und Grenzen klar zu werden und eigene Unsicherheiten und Einstellungen zumindest vor sich selbst zuzugeben und diese nicht zu kaschieren.

Warum die Eigenreflexion von solcher Wichtigkeit ist, beschreibt A. Krenz (1985, S. 8 f) sehr anschaulich:

„Es ist zunächst gleich, welche Einstellung zur Sexualität Erzieher/innen haben; entscheidend ist, daß jeder eine Haltung – auch in diesem Bereich – hat und damit beabsichtigt oder ohne Absicht auf die Kinder wirkt. Sexuelle Wünsche oder Spiele der Kinder verneinen, leugnen, verschweigen, tabuisieren, notgedrungen akzeptieren oder aus Peinlichkeit übersehen, ist ebenso eine Reaktion, wie sie bejahen, aufgreifen, vertiefen und fördern.

Sexualerziehung ist sehr stark von eigenen Gefühlen und Empfindungen abhängig und geprägt; deshalb ist es notwendig, daß Kinder ihre Erzieher/innen *echt* erleben. Echtheit in der Übereinstimmung von Verhalten, gesprochenen Aussagen und vermitteltem Gefühl. Nur so gelingt es den Kindern, alle empfangenen Botschaften durch ihre Übereinstimmung (!) anzunehmen und zu glauben. Widersprüchliche Informationen schaffen im Kind Unsicherheiten, weil es z.B. gefühlsmäßig etwas anderes aufnimmt als der Erzieher mit Worten vermittelt."

Auch K. Utz (1984, S. 122 f) betont, wie wichtig es sei, die eigenen Einstellungen und Haltungen als Erziehender zur Sexualität zu reflektieren:

„Aus unserer eigenen Sozialisationsgeschichte, aus unserer eigenen Erfahrung als Kind, Jugendlicher und auch Erwachsener prägten und prägen sich unsere Einstellungen und Verhaltensweisen: aus den Erfahrungen mit der Selbstbefriedigung als Pubertierender, mit sexuellen Tagträumereien, mit traumatischen Erlebnissen (z.B. Verführung, Vergewaltigung), aus der Reaktion der Umwelt, dem Schweigen der Eltern, Schuldzuweisungen durch die Umgebungsgruppe u.a.

Und unsere eigenen geprägten Einstellungen und Haltungen übertragen sich auf das Kind durch Signale, die in diesem Bereich oft paraverbal erfolgen: durch Weglassen, Auslassen, Schweigen, Übergehen und Ablenken."

In meiner Tätigkeit als Supervisor in mehreren Kindergärten erlebe ich nicht selten, daß manche Erzieher/innen unter dem „Zwang zur Modernität" mit heimlicher Abscheu Toleranz gegenüber kindlichen Sexualäußerungen heucheln, sich ihre Ablehnung sexueller kindlicher Aktivitäten jedoch paraverbal in der Erziehungswirklichkeit niederschlägt. Dies kann sich zweifellos nicht positiv auf das sexuelle Verhalten der Kinder auswirken. Folgende Beispiele aus Supervisionsstunden sollen zeigen, wie doch die Einstellungen der in den Kindergärten tätigen Erwachsenen zur Kindersexualität von der eigenen Biographie beeinflußt und mitbestimmt werden: „Für mich stellen weniger die schweinischen Wörter ein Problem dar. Ich kann mit den sogenannten Doktorspielen nicht umgehen. Ich werde verlegen und unsicher, wenn ich die Kinder bei solchen Spielen ertappe. Diese Unsicherheit kommt daher, weil ich nicht weiß, wie ich auf solche Spielereien reagieren soll. Soll ich sie verbieten? Soll ich sie einfach übergehen? Oder soll ich die Kinder davon ablenken? Oder soll ich die Kinder gewähren lassen? Zwei Stimmen rühren sich hier bei mir. Die eine sagt, solche Spiele sind ganz normal, sie sind eine entwicklungsbedingte Erscheinung, die andere Stimme aber sagt, so etwas tut man nicht. So etwas tut man nicht, sagten auch immer meine Eltern zu mir.

Sie warnten mich vor sexuellen Doktorspielen, obwohl ich nie solche gespielt habe, ich mich gar nicht getraute, an solche ‚schweinischen Spiele‘ zu denken.“ (Peter, R., 24 Jahre, Berufspraktikant)

„Ich beobachte an mir, daß ich geschlechtsspezifisch erziehe. So tröste ich die Mädchen anders als die Jungen, so eben, wie ich es zu Hause als Kind auch erlebt habe. Auch kann ich bei den Jungen die sexuellen Aktivitäten besser tolerieren als bei den Mädchen. Ich erwische mich dabei, wie in mir das Vorurteil vorherrscht, daß Mädchen so etwas schon gar nicht dürfen, weil Mädchen so etwas einfach nicht tun dürfen. Trotz meines bewußten Vorhabens, kindliche Sexualäußerungen zu akzeptieren, bin ich den Mädchen gegenüber befangen. Das Eltern-Ich rührt sich hier bei mir. Meine Eltern haben mich als kleines Mädchen immer wieder eindringlich vor sexuellen Spielereien der Kinder untereinander gewarnt. Für mich ist das ein Beweis, wie eigene Kindheitserfahrungen die Erziehungsarbeit beeinflussen.“ (Gisela, H., 34 Jahre, Kindergartenleiterin)

„Wenn wir mit den Kindern zum Baden gehen, weiß ich nicht, soll ich mich nun vor den Augen der Kinder umziehen oder doch lieber in die Umkleidekabine gehen. Letztlich schaffe ich es nicht, mich vor den Augen der Kinder umzuziehen. Meine Hemmschranke ist hier viel zu groß. Woher diese Prüderie kommt, ist mir nicht so recht erklärlich. Mir fällt hier nur ein, daß sich meine Eltern mir gegenüber niemals nackt zeigten, ich aber als kleines Mädchen oft den sehnlichsten Wunsch hatte, sie einmal nackt zu sehen. Ich denke, ihre Prüderie wurde auch meine.“ (Ulrike, K., 27 Jahre, Erzieherin)

5.2 Vorschläge für eine „rollenoffenere“ Geschlechtserziehung

Es wäre ein schwerwiegendes Versäumnis, würde man die geschlechtsspezifische Erziehung nicht unter dem sexualpädagogischen Aspekt betrachten. Geschlechtsspezifische Erwartungen und Vorstellungen durchziehen den gesamten Erfahrungs- und Lernbereich der Kinder. Wenn wir uns hier auf meine Untersuchung besinnen (Punkt b), stellt sich im Sinne einer hypothesengenerierenden Auswertung die Frage: Handelt es sich hier nicht schon um erwartetes geschlechtsspezifisches Verhalten, welches dann auch von den Kindern erfüllt wird?

Demnach sind nun mal Jungen „sexuell“ aktiver, die Mädchen

dagegen passiver. Werfen wir einen Blick in die Kindergartenwirklichkeit, so ist zu beobachten, wie bereits Mädchen auf ihre „Weibchen-“ und „Hausfrauenrolle“ festgelegt sind bzw. werden, Jungen demgegenüber auf ihre „Männerrolle“. Die alten Leitbilder scheinen noch weitgehend ungebrochen. Insbesondere in dem Bereich der weitgehend von den Erzieher/innen unstrukturiert belassenen Aktivitäten auf den Außenflächen des Kindergartens, also dem Flur, Hof und dem Garten, sind geschlechtsspezifische Verhaltensweisen gut zu beobachten:

„Hier dominieren die Bewegungsspiele, die Tobe-, Ball- und Kampfspiele, die deutlich intensiver von den Jungen besetzt werden ... Die Jungen bestimmen den Spielbereich außerhalb des Gruppenraumes. Art des Spiels und Inhalt werden weitgehend von ihnen beherrscht, während die Mädchen eher ihre Gestaltungsvielfalt innerhalb des Raumes ausbreiten. Ihre kleinen Spielgruppen treffen wir im Hof, im Garten oder auf der Bank im Flur an, wo sie mit anderen Mitteln ihr Spiel aus dem Innenraum fortsetzen.“ (R. Haberkorn/U. Hagemann 1984, S. 285)

Erzieher/innen schildern folgende Beobachtungen zum geschlechtsspezifischen Verhalten der Kindergartenkinder:

1. Mädchen sind zärtlicher als die Jungen.
2. Mädchen spielen mehr mit Puppen, Jungen mehr mit Autos.
3. Mädchen reden über Konflikte, Jungen weichen Konfliktgespräche aus.
4. Jungen halten sich verstärkt in der Bauecke auf, Mädchen mehr in der Puppenecke.
5. Mädchen sind viel ruhiger, Jungen sind aggressiver.
6. Mädchen sind schüchterner, Jungen setzen ihren Willen lautstark und massiv durch.
7. Familienspiele werden vor allem von Mädchen gespielt, Jungen spielen Banden-, Kampf- und Cowboyspiele.
8. Mädchen sind bei praktischen Fertigkeiten (z.B. Schleife binden, Abspülen, Kehren und Wischen) geschickter als Jungen.
9. Mädchen petzen und tratschen.
10. Jungen setzen ihre Position mit körperlicher Gewalt durch.

Natürlich kann man nicht sagen, daß alle Mädchen und alle Jungen so sind. In jeder Kindergartengruppe lassen sich auch andere Beispiele finden: selbstsichere, lebhafte, freche Mädchen und schüchterne, sensible und Zärtlichkeit suchende Jungen. Doch stellen solche

Mädchen und Jungen noch eine Minderheit im Kindergarten dar, zumal der Kindergarten die Ausbildung starrer, traditionsgeleiteter Geschlechtsrollen (mit) unterstützt. Dafür gibt es eine Fülle von Alltagsbeobachtungen; empirische Untersuchungen und eigene Erfahrungen komplettieren sie. Mädchen wie Jungen muß im Kindergarten der Raum und die Möglichkeit eingeräumt werden, andere als sonst übliche Verhaltensweisen kennenzulernen und zu erproben, und sie sollten dabei auch gegenüber Spöttern in Schutz genommen werden.

So erhebt sich an dieser Stelle die Frage: Was kann der Kindergarten konkret für eine „rollenoffenere" Geschlechtserziehung tun?
1. Geschlechtsoffenere Erziehung beginnt schon mit Äußerlichkeiten: Sie beginnt damit, daß es keine nach Geschlechtern getrennten Umzieh-, Wasch- und Toilettenräume gibt und endet bei den Spiel- und Beschäftigungsvorschlägen, die nicht nur für Mädchen *oder* Jungen gelten.
2. Die Kinder werden zum gemeinsamen Spiel angeregt, wobei die Annäherung zwischen den Spieler(inne)n schrittweise erfolgen soll, etwa so: „Erst lernen, sich gegenseitig wahrzunehmen, dann erfahren, daß man Gemeinsamkeiten im Verhalten hat, miteinander etwas tun, miteinander darüber reden, sich in direktem Spielkontakt auch körperlich und intellektuell begegnen." (M. Verlinden 1985, S. 25)

M. Verlinden und K. Haucke (1984) geben in ihrem Buch „Einander annehmen. Soziale Beziehungen im Kindergarten: Ziele und Anregungen für Erzieher" eine Fülle von Spielvorschlägen zur Annäherung der beiden Geschlechter, die letztlich einen Beitrag leisten zum Abbau trennender Vorurteile und polarisierter Beziehungsmuster zwischen Mädchen und Jungen.
3. Die obligatorische Einteilung in Puppen- und Bauecke ist aufzulösen, d.h. zusammenzulegen. Natürlich muß dies langsam und mit Bedacht und nicht von heute auf morgen erfolgen. Durch die Zusammenlegung der beiden Spielbereiche ist die Möglichtkeit viel stärker gegeben, daß Kinder beiderlei Geschlechts durch die räumliche Nähe Kontakte knüpfen und sich gegenseitig in Spiele miteinbeziehen.
4. Der/die Erzieher/in legt mehrere Spielgegenstände (Bären, Autos, Puppen, Bauklötze usw.) vor den Kindern aus, die versuchen, eine Zuordnung der Spielgegenstände nach Geschlecht vorzunehmen. Anlaß genug für ein folgendes Gespräch oder Spiel mit dem andersgeschlechtlichen Spielgegenstand.

5. Da im Kindergarten die Mädchen nur mit den Puppen spielen, die Jungen dagegen nicht, diese aber auch eine liebevolle Beziehung zu Puppen aufbauen sollten, kann man ein „Puppenfest" veranstalten, zu dem nur Puppen eingeladen sind. Denkbar ist auch ein „Gangster- und Sheriffest", wo auch Mädchen einmal „wild" und in eine sonst nur Jungen vorbehaltenen Rolle schlüpfen dürfen.
6. Der/die Erzieher/in spielt den Kindern ein Kasperltheater vor, das folgendermaßen ablaufen kann: Zwei Kinder werden vom Kasperl aufgefordert, ihm zu helfen. Das Mädchen bittet er, zu seiner erkrankten Großmutter zu gehen und ihr die Wohnung in Ordnung zu bringen. Der Junge sollte währenddessen für die Großmutter Holz hacken. („Das ist ja schließlich Männersache".) Die Kinder vertauschen ihre Kleidung. Der Junge geht zur Großmutter, putzt, spült ab und bringt die Wohnung bestens in Ordnung. Das Mädchen hackt inzwischen fleißig und gekonnt Holz. Kasperl bemerkt den Rollentausch nicht und lobt nach getaner Arbeit die Kinder. Kasperl: „Ja, ja, so einen kräftigen Jungen kann man schon gebrauchen, bei solch einer harten Arbeit bekommt man Muskeln, auf die jeder Junge stolz ist!" Während Kasperl noch spricht, kommt die kranke Großmutter hinzu und meint: „An solch einem Mädchen hat man schon eine Freude und Hilfe. Wie sie nur alles so schön in Ordnung gebracht hat. Sie wird sicher einmal eine tüchtige und fleißige Hausfrau!" An dieser Stelle tritt der/die Erzieher/in hinter der Bühne hervor und spricht selbst mit dem Kasperl und der Großmutter in der Hand über deren Vorurteile, was Jungen und Mädchen betrifft. Dabei bezieht er/sie die Kinder in das sich an rollenspezifischen Verhaltensweisen orientierende Gespräch ein.
7. Man könnte mit den Kindern eine Collage über untypische Tätigkeiten des anderen Geschlechts zusammenstellen: Die Frau schlägt beispielsweise einen Nagel in die Wand, und der Mann strickt. Oder: Ein Mädchen spielt mit einem Flugzeug, ein Junge bemuttert Puppen usw. Und was könnte – außer einer Analyse solcher Situationen – noch getan werden? Die Kinder könnten die dargestellten Szenen nachspielen. Man könnte die Kinder zu den einzelnen Bilder interviewen, welche Dinge Männer und Jungen tun und welche Frauen und Mädchen. Die auf Tonband aufgenommenen Gespräche können den Eltern an einem Elternabend vorgespielt werden, vielleicht der Beginn einer Auseinandersetzung für kleinere Verhaltensänderungen zu Hause.
8. Neben den gezielten pädagogischen Angeboten bieten sich dem/der

Erzieher/in im Kindergartenalltag zahlreiche Möglichkeiten, auf flexibleres Rollenverhalten hinzuwirken. So kann er/sie die Kinder zu Familienspielen anregen, zum Waschen, Nähen, Hämmern, Kochen, Backen, Sich-Verkleiden, Abspülen usw., alles Tätigkeiten, die nicht geschlechtsspezifisch durchgeführt werden brauchen.

9. Bilderbücher nehmen einen großen Raum in der Erfahrungswelt der Kindergartenkinder ein. Sie können – durch die Bilderbuchgestalten und den Handlungsablauf – Kindern bei der Realitätsbewältigung helfen. Die Zeit der intensiven Beschäftigung mit dem Medium Bilderbuch fällt beim Kind in die Altersspanne von ca. 2 bis 7 Jahren. In diesem Zeitraum entwickelt sich auch die Geschlechtsidentität des Kindes, ist das kindliche Selbstbild noch im Aufbau begriffen und das Identifikationsbedürfnis besonders stark. Dabei können auch die Bilderbuchfiguren als Identifikationsmodell wirken. Deshalb ist es wichtig, darauf zu achten, wie in Bilderbüchern die Mädchen/Frauen und die Jungen/Männer dargestellt werden.

Geschlechtsspezifische Darstellungen in Kinderbüchern

Ich hatte 1987 eine Stichprobe von 232 Bilderbüchern aus der Grundausstattung mehrerer Kindergärten einer süddeutschen Großstadt analysiert. Unter den Büchern, die ich untersuchte, waren Werke so bekannter Bilderbuchgestalter/innen wie Janosch, Rettich, Mitgutsch, Carle, Kirchberg, Fuchshuber usw. Zusammenfassend konnte ich festhalten: Mädchen- und Frauenfiguren sind eindeutig unterrepräsentiert. Die Hauptpersonen sind meistens männlichen Geschlechts. Männer sind stärker berufsbezogen dargestellt als Frauen. Frauen erscheinen meist bei der Kinderbetreuung, Hausarbeit und in sozialen Interaktionen. Männliche Figuren sind eher aktiv, weibliche eher passiv: Frauen „schauen zu“, „stehen dabei“, „lassen sich etwas zeigen“, „machen mit“, sitzen im Auto hinten oder werden mitgenommen. Insgesamt wird von männlichen Figuren ein differenzierteres Bild entworfen als von weiblichen. Einige Zahlen: 75% der Hauptfiguren sind männlich, nur 25% weiblich. Weibliche Figuren als Titelbilder sind sehr selten, das Verhältnis beträgt 50:10. Bei der Darstellung beruflicher Tätigkeiten ist das Verhältnis 4,5:1; fast umgekehrt dagegen, nämlich 1:4, bei der Darstellung hausfraulicher Arbeiten. Alle in den Bilderbüchern dargestellten Frauenberufe sind „typisch“: die Sekretärin, die Verkäuferin, das Fotomodell usw. Frauen/Mädchen sind signifikant häufiger nur Randfiguren in den Handlungsabläufen und haben sich meist mit einer Zuschauerrolle zu begnügen. Fazit: Die in den Kindergärten ausliegenden Bilderbücher sind überwiegend realitätsfremd, bieten den Mädchen weniger Identifikationsmöglichkeiten und fördern beim Mädchen, überspitzt ausgedrückt, ein negatives Selbstkonzept (vergl. M. Berger, 1984).

Die Tatsache, daß in vielen Bilderbüchern Rollenklischees vorhanden sind, konnte auch A. Metzinger (1987, S. 31) feststellen:

„Bei einer näheren Betrachtung der Bilderbücher in einem Kindergarten konnte folgendes festgehalten werden: Von 74 Bilderbüchern waren 46 mit männlichen und nur 10 mit weiblichen Hauptakteuren besetzt. Weitere 18 Bilderbücher waren in dieser Hinsicht ausgeglichen. Hier einige Beispiele mit männlichen Hauptpersonen: Kasimirs Weltreise, Die Sonne, der Wind und der Mann mit dem roten Mantel, Der Josa mit der Zauberfidel, Büffelmann und Adlerkönig, Jens und Michel, Ferdi und Ferdinand, Alexander und die Aufziehmaus, Die drei Räuber, Peter und der Wolf.

In vielen Bilderbüchern sind oft die handelnden Tiere männlich. Schlaue oder starke Tiere sind in den meisten Bilderbüchern männlich, wie z.B. Elefanten, Tiger, Löwen, Bären usw. Einige dieser Bilderbücher sind: Der glückliche Löwe, Pinguin Pondus, Frederick, Die Bremer Stadtmusikanten, Der Maulwurf Grabowski. Bilderbücher mit weiblichen Tieren gibt es dagegen relativ wenig. Auffallend ist auch, daß Berufe fast immer von Männern ausgeführt werden. Treten berufstätige Frauen auf, so haben sie traditionelle Frauenberufe, ansonsten sind sie mit ihren Kindern oder im Haus zu sehen."

Um sich solche Geschlechtsstereotypen bewußt zu machen, sollten die Erzieher/innen die Bilderbücher nach folgenden Kriterien näher untersuchen:

1. Welchen Geschlechts sind die im Bilderbuch abgebildeten Figuren, wie oft werden sie gezeigt?
2. Welchen Figuren wird Aktivität und welchen Passivität zugeschrieben?
3. In welchen Berufen werden Frauen und Männer gezeigt?
4. In welchem Größenverhältnis werden weibliche und männliche Personen dargestellt?
5. Wie wird der Gefühlsbereich von Mädchen/Frauen und Jungen/Männer gezeigt?
6. Mit welchem Spielzeug werden die Mädchen und Jungen dargestellt?

7. Wie verhalten sich die Erwachsenen zu Mädchen und Jungen?
8. Wie wird die Mutter- und Vaterrolle in den Bilderbüchern präsentiert?
9. Ist die Welt der Mädchen eher eine begrenzte, in der sie auf Aktivitäten innerhalb des Hauses konzentriert sind, lesend, träumend, freundlich und passiv?
10. In welcher Umgebung werden Jungen gezeigt?
11. Werden Zukunftserwartungen angesprochen, wenn ja, welche für Mädchen und welche für Jungen? (vergl. M. Berger, 1988)

Ich möchte nun einige Bilderbücher vorstellen, die dem traditionellen Geschlechtsrollenbild widersprechen.

Ansorge, B.: *Die pfiffigen kleinen Hexen*, Oldenburg 1986
Drei kleine Hexen tun Gutes für die Erde, was der Oberhexe nicht gefällt. Sie nimmt das Waldhexlein Wolli gefangen. Doch wird diese durch eine überraschende List von ihren beiden Hexenfreundinnen befreit.

Burningham, J./Korschunow, I.: *Mein Opa und ich,* Zürich 1984
Ein Bilderbuch, das die liebevolle Beziehung eines Mädchens zu ihrem Opa zeigt. Viele kleine Alltagssituationen werden in unaufdringlicher Weise geschildert: bei der Blumenpflege, beim Rollenspiel, im Urlaub am Meer usw.; auch eine kleine Mißstimmung wird nicht ausgespart. Besonders einfühlsam wird der Tod des Großvaters dem betrachtenden Kind nahegebracht.

Cole, B.: *Prinzessin Pfiffigunde*, Reinbek 1987
Prinzessin Pfiffigunde hält nichts von königlichen Pflichten und Etikette, ganz zum Ärger ihrer Eltern. Die wollen, daß sie sich endlich herausputzt und wie es sich gehört, nach einem passenden Mann Ausschau hält. Jedem der nun in Scharen erscheinenden Freier stellt Pfiffigunde, die auch vom Heiraten nichts hält, die für sie passende Aufgabe. Einen Heidenspaß hat die Prinzessin mit dem Verulken ihrer Bewerber – bis Prinz Prahlschnalle sich die Ehre gibt ...

Heine, H.: *Tante Nudel, Onkel Ruhe und Herr Schlau*, Zürich 1980
Ein kleines schmächtiges Mädchen, Katalinchen genannt, ist die Hauptperson dieses Bilderbuches. In den Ferien fährt das Mädchen

zu Onkel Ruhe, Herrn Schlau und Tante Nudel. Mit ihren spritzigen Ideen gelingt es ihr, die Erwachsenen aus ihren festgefahrenen Rollen zu locken.

Helme, R.: *Richard,* Köln 1978
Richard, ein Rabe, wächst und wächst, Er wird immer größer und auch stärker. In typisch männlicher Manier schlägt er sich mit seinen Mitgenossen herum, um zu beweisen, daß er der Größte ist. Als er alle besiegt hat, muß er feststellen, daß er keine Freunde mehr hat. Da beginnt er erneut zu kämpfen, Richard kämpft gegen Richard ...

Helme, R.: *Der Superhase*, Ravensburg 1980
Hase Hans Knabberrabber möchte gerne berühmt werden, er möchte ein „Superhase“ werden. In Wirklichkeit ist er aber ein Hase wie jeder andere, höchstens seine Prahlerei wird von keinem Hasen übertroffen. Und die Moral von der Geschicht? Die Konsequenz eines Superhelden-Daseins wird anschaulich aufgezeigt ... Männliches Heldentum einmal in einem anderen Licht!

Keller, M./Herfurtner, R.: *Regula radelt rum,* Aarau 1986
Das Mädchen Regula radelt mit dem Rennrad ihres großen Bruders los. Dazu benötigt man Mut, auch wenn der Teddy dabei ist. Und weil Regula keine Kurven radeln kann, geraten die beiden in große Abenteuer.

Koci, M./Haslinger, H.: *Christl Müllers Kätzchen,* Hannover 1978
Christl wohnt mit ihren Tieren in einem kleinen Haus im verschneiten Wald. Ihr Kätzchen geht verloren. Nach langer, anstrengender Suche findet das Mädchen ihr Kätzchen wieder.

Leaf, M./Lawson, R.: *Ferdinand der Stier,* Zürich 1982
Vielleicht ist es kein Zufall, daß dieses Werk während des spanischen Bürgerkrieges (1937) entstanden ist. Ferdinand ist ein seltsamer Stier. Er will nicht toben und kämpfen, sondern unter einer Korkeiche sitzen und den süßlichen Duft der Blumen genießen. Durch einen wirklich dummen Zufall wird er zum Kampf in der Arena ausgesucht. Jedoch in der Arena angekommen, ist er nicht bereit zu kämpfen. Der Duft der Blumen im Haar der Senoritas ist ihm lieber, er setzt sich einfach hin und schnuppert und schnuppert. So muß man Ferdinand wieder nach Hause bringen, wo er weiterhin glücklich sein darf.

Lorenzer, G.: *Emma*, Ravensburg 1975
In dem Pappbändchen, strapazierfähig und abwaschbar, wird mit farbigen Photos von einem kleinen Mädchen berichtet. Das Mädchen füttert ihre Puppe, verkleidet sich, weint bittere Tränen, zeigt ihr Töpfchen her u.a.m. Ein Bilderbuch schon für ganz Kleine.

Oxenburg, H.: *Im Kindergarten*, Aarau 1984
Den Kindergarteneintritt eines Mädchens thematisiert dieses kleine quadratische Büchlein. Trotz aller Trennungsängste und Unsicherheiten meistert das Mädchen die sie emotional belastende Situation. Gezeigt werden anhand der Mutter und der Erzieherin die Stärken des weiblichen Geschlechts: sie sind liebevoll, freundlich, einfühlsam und fürsorglich.

Petrides, H.: *Jupp und Jule*, München 1979
Freundschaft ist das Thema dieses Bilderbuches. Auf je einer Doppelseite werden Alltagszenen eines Jungen und eines Mädchens gezeigt. In den Szenen über Geschlechterkonflikte bleibt die Bilderbuchgestalterin nicht nur bei der Kritik männlich-klischeehaften Verhaltens stehen, sie bietet auch den Jungen positive Alternativen an.

Preußler, O./Lentz, H.: *Die dumme Augustine*, Stuttgart 1972
Eines der ersten Bilderbücher, das die Frage der Geschlechterrolle ansprach. Während der dumme August im Zirkus die Leute unterhält und begeistert, sorgt seine Frau, die dumme Augustine, für den Haushalt und die Kinder. Eines Tages wird der dumme August krank. Augustine übernimmt seinen Part mit großem Erfolg. Die beiden beschließen, künftig gemeinsam aufzutreten und den Haushalt ebenfalls gemeinsam zu führen.

Rosenfeld, Ch.: *Anna Frosch*, München 1984
Ein Bilderbuch, das vor dem Ins-Bett-Gehen in der Badewanne beginnt. Anna träumt, sie wäre ein Frosch. Nur, was essen Frösche? Anna fragt die vielen Tiere denen sie begegnet und erfährt, wie die sich ernähren. Letzlich findet sie auch für sich eine Lösung.

Ruck-Pauquet, G./Schmidt, F.: *Gewittergeschichten für einen Hund*, Ravensburg 1980
Anja und ihr großer Hund werden von einem Gewitter überrascht. Sie

schlüpfen unter einen Busch. Um sich und dem vor Angst schlotternden Hund Mut zu machen, denkt sich das Mädchen eine Hundegeschichte nach der anderen aus, bis das Unwetter wieder vorbei ist.

Ruck-Pauquet, G./Richter, M.: *Der kleine Igel*, Freiburg 1984
Ein kleiner Igel wird von einem Mädchen im Wald gefangen und von ihr zu Hause gehalten. Das Mädchen hat für den Igel selbst eine Kiste gezimmert. Als der Frühling naht, wird der Igel traurig, und das Mädchen bringt ihn in den Wald zurück.

Schindler, E.: *Schlaf gut, träum schön,* Ravensburg 1982
Ein Mädchen, dessen Eltern ausgegangen sind, kann nicht einschlafen. Die Einsamkeit macht ihm Angst und läßt die Phantasie Purzelbäume schlagen. Die vertraute Umgebung wird in der Dunkelheit zu einem Schreckenskabinett. Aber für jeden Laut, für jeden Schatten findet sich eine Erklärung, und schließlich schöpft das Mädchen genügend Mut für einen tiefen Schlaf. Ein Buch von einem sehr mutigen Mädchen.

Smith, B./Schneidl, G. M.: *Rundherum Freunde,* Düsseldorf 1985
Anna langweilt sich bei ihrer Tante. Das Mädchen hat eine Menge Ideen, die aber nicht die Zustimmung ihrer Tante finden. Doch Anna weiß sich zu helfen. Sie sorgt dafür, daß ihre Tante mehrere Freunde gewinnt.

Widerberg, S.: *Das Mädchen, das nicht in den Kindergarten wollte,* Hamburg 1987
Das Mädchen Stine möchte nicht in den Kindergarten. Ihr Ärger ist fast nicht zu beschreiben. Doch im Kindergarten angekommen, gefällt es ihr dort so gut, daß sie nicht mehr nach Hause möchte. Zu Hause angekommen, wollte sie nicht essen, nicht die Zähne putzen, nicht den Schlafanzug anziehen usw.

5.3 Methoden und Inhalte der Sexualerziehung

Für die Praxis ist zuallererst die Überlegung bedeutsam, ob man Fragen der Kinder, die Sexualität betreffend, bewußt provozieren oder abwarten sollte, bis derartige Fragen von den Kindern selbst kommen. Dazu meint K. Schüttler-Janikulla (1971, S. 276 f):

„Diese Überlegung hat deshalb Bedeutung, weil ... durch die negative Einstellung mancher Eltern Kinder in diesem Bereich bereits so gehemmt sind, daß sie Fragen nicht mehr zu stellen wagen. Hofft man auf sie, so wartet man oft vergeblich, was dann oft zu dem Trugschluß Anlaß gibt, Kinder hätten in diesem Alter keine entsprechenden Probleme. Es sollte daher die Sexualerziehung im Vorschulbereich sich nicht nur an gelegentliche Gespräche, zufällige Erlebnisberichte oder unzureichende Fragen der Kinder anschließen, sondern der Sachbereich muß von der Kindergärtnerin in angemessener Weise aktualisiert werden. Nach unseren Erfahrungen bestehen Möglichkeiten dazu, wenn sich im Kindergarten innerhalb des Anregungsmilieu Materialien befinden, die solche Fragen der Kinder unmittelbar und immer wieder provozieren."

Auch B. Jäger (1987, S. 50 ff) greift in ihrer Diplomarbeit das Nichtäußern sexueller Interessen seitens der Kindergartenkinder auf und kommt zu folgender Ansicht:

„Wie wir gesehen haben, kann aber ein nicht explizites Äußern sexuellen Interesses nicht einfach als nicht vorhandenes Interesse der Kinder interpretiert werden. Denn gerade jene Kinder, die sich nicht mehr trauen, ihre sexuellen Bedürfnisse zu artikulieren, bedürfen der pädagogischen Hilfe, um ihre Hemmungen abbauen zu können ... Daher sollte der Erzieher versuchen, von sich aus den Wissensstand der Kinder zu eruieren, auch ein nichtfragendes Kind anzuregen, Fragen zu stellen, etwaigen falschen Erklärungen nachzugehen und zu korrigieren sowie deren eventuellen Kursieren in der Gruppe entgegenzuwirken. Entsprechend ihrem Interesse und Entwicklungsstand sollte den Kindern grundlegendes Wissen über sexuelle Tatbestände (Unterschied der Geschlechter, Geburt, Zeugung etc.) vermittelt werden. Dies natürlich nicht in einer Weise, in der die Kinder mit langatmigen Erklärungen quasi überfallen werden, sondern in einem kindgerechten, die emotionalen Probleme berücksichtigenden Prozeß."

Es ist festzuhalten, daß sexuelle Aufklärung zwar die Chance rationaler Konfliktbewältigung des Kindes vergrößert, aber in ihrem Nutzen doch recht begrenzt bleibt, denn, so Schuh-Gademann (1972, S. 109), „... es ist eine grundlegende empirische Tatsache, daß die verbale Aufklärung kaum einen Einfluß auf das Kind im Vergleich zu den Gesamthandlungen des Erziehers, seinen Reaktionen und seinen Maßnahmen ausüben kann."

Die voranstehenden Zitate dürfen nicht mißverstanden werden. Sie wollen nicht besagen, daß man die Kinder zu sexuellen Fragen und Reaktionen animieren soll. Darum erscheint es mir sinnvoll, die Sexualerziehung im Kindergarten nach zwei Aspekten hin zu unterscheiden, um meine folgenden Anregungen deutlich von einer animierenden Sexualerziehung abzugrenzen.

Sexualpädagogische Arbeit sollte im Kindergarten auf indirekte und direkte Weise erfolgen. Über diese beiden Aspekte sexualpädagogischer Arbeit schreibt A. Krenz (1985, S. 9) treffsicher:

„Sexualpädagogische Arbeit im Kindergarten auf eine eher indirekte Weise würde bedeuten, den Kindern Raum und Zeit zur Verfügung zu stellen, eigene Sexualität zu leben. Ob dies in einer eigens eingerichteten Kuschelecke, einem Spielhaus oder einer vom Raum abgeteilten Zimmerecke möglich ist, bleibt letztlich ohne große Bedeutung.

Wichtig ist jedoch in allen Fällen, daß dieser Ort den Kindern vorbehalten bleibt, so daß sie sich an ihm sicher und unbeobachtet fühlen können. Es entspräche auch einer Selbstverständlichkeit, daß die Erzieher neben üblichen Bilderbüchern auch Publikationen aus dem Bereich der Sexualität auslegen, die jederzeit – falls gewünscht – eingesehen werden können. Würden die Kinder Fragen haben, so ständen ihnen die Erzieher/innen dafür zur Verfügung. Ebenso wie die Bereitstellung von Büchern werden auch Puppen mit Genitalien, Arztkoffer, Krankenbettchen und dafür entsprechende Utensilien etc. im Raum angeboten.

Direkte sexualpädagogische Arbeit kann so aussehen, daß Erzieher/innen – durch unmittelbar konkrete Anlässe – bestimmte Situationen aufgreifen und entweder sofort in den Tagesablauf miteinbeziehen oder eine größere Sequenz planen. (Dabei spielen) sicherlich der Bereich ‚Kognition‘ (Wissensvermittlung, Aufklärung durch Informationseingaben...) eine gewisse Rolle, doch muß auch hier das Erleben der Inhalte an erster Stelle stehen. So kann zwar über den ‚kleinen Unterschied‘ zwischen Mädchen und Jungen gesprochen werden, doch andererseits macht es noch mehr Spaß und befriedigt stärker, wenn Kinder sich zeichnen, gegenseitig den ganzen Körper mit Fingerfarben anmalen, Zärtlichkeits- und Gefühlsspiele miteinander durchführen. Spiellieder gemeinsam ‚erleben‘ oder verschiedene, für sie vielleicht neuartige Berührungen wie tiefe Zärtlichkeit ausprobieren. Genauso angenehm kann es für viele Kinder sein, sich nach Herzenslust schmutzig zu machen, nackt im bzw. mit Wasser zu spielen, spritzen und mit Sand zu matschen. Ergänzend sollten Rollenspiele zum Thema Geburt, Schwangerschaft, Säuglingspflege ebenso nicht fehlen wie über Rollenverhalten, Heirat, Trennung, Streit und Zärtlichkeit."

Diesen Gedanken folgend ergeben sich folgende konkrete Anregungen:

Bilderbücher die die Sexualität thematisieren, sollten jederzeit für die Kinder greifbar sein. Solche Bilderbücher können nur ein Hilfsmittel sein zur Veranschaulichung abstrakter Vorgänge, als Anregung zu einem Gespräch, als Anstoß zu Fragen beim Kind, die es sonst vielleicht nicht gestellt hätte. Auf keinen Fall können Bilderbücher eine Sexualerziehung ersetzen, sie müssen integriert werden in die Erziehung insgesamt und in die sexuelle Aufklärung. Sucht man nach Bilderbüchern zur Sexualität, so ist festzustellen, daß es diesbezüglich keine neueren Publikationen gibt. Ein Beleg dafür, wie doch gegenwärtig die Sexualität für Kinder tabuisiert wird. Der/die Erzieher/in muß darum auf Bilderbücher älteren Datums zurückgreifen.

Nach folgenden von N. Huppertz (1975, S. 49) formulierten 10 Fragen, die als Leitlinien zu verstehen sind, können Bilderbücher zur Sexualerziehung (oder andere Materialien) analysiert werden:

„1. Welchen Inhalt hat das Material insgesamt? Sind die erforderlichen Sexualinhalte angeführt, oder fehlen entscheidende Informationen?

2. Welche weltanschaulichen Aussagen werden von dem Autor gemacht, bzw. welche Wertansichten stehen hinter seinen Darlegungen? Wo werden ethische bzw. sexualethische, religiöse oder politisch-gesellschaftliche Aussagen gemacht?

3. Inwieweit sind die sexualanthropologischen Ansichten des Autors auffindbar und akzeptabel? Wird also der emotionelle Bereich im Zusammenhang mit der Sexualität genügend berücksichtigt, oder wird nur biologisches Wissen vermittelt? Inwieweit erfolgen Vergleiche oder etwa Gleichsetzungen von Mensch und Tier?

4. Ist die Rolleninterpretation der einzelnen Personen annehmbar? Werden Konflikte aufgezeigt, oder handelt es sich bei den demonstrierten Situationen um eine ‚heile Welt', die es in Wirklichkeit nicht geben kann?

5. Enthält das Material Übertreibungen, unrealistische und verfälschende Darstellungen? Ist die Sprache angemessen, kindorientiert und genügend differenziert?

6. Ist die bildliche Gestaltung annehmbar, und stimmen Text und Bild in ausreichender Form überein?

7. Welche ‚didaktische Form', z.B. Vorlesen, Erzählen, läßt das Material zu, bzw. ist bezweckt?

8. Welche ‚Darstellungsform' ist gewählt? – Erzählt z.B. der Autor selbst, läßt er ein Kind erzählen, ist es ein Dialog zwischen Mutter und Kind, usw.?

9. Es müßte auch gefragt werden, ob man das gleiche Ziel in der Sexualerziehung bei Vorschulkindern nicht ohne Materialien erreichen bzw. ähnliche Unterlagen nicht selbst anfertigen kann?

10. Wie bei allen didaktischen Materialien so ist auch hier von der Grundfrage auszugehen: Werden die Interessen und Bedürfnisse des Kindes genügend beachtet?"

Diese 10 Fragen berücksichtigend, erscheinen mir nachstehende Bilderbücher als unterstützendes Medium zur Sexualerziehung brauchbar.

Dabei ist wesentlich, daß neben der aufklärerischen Funktion auch die soziale Umwelt und der emotionelle Aspekt in den Bilderbüchern berücksichtigt werden.

Die angeführten Bilderbücher werden nur unter diesen Aspekten betrachtet, weniger hinsichtlich der Rollenzuweisungen. Ein erheblicher Anteil der Bilderbücher ist nicht frei von Rollenklischees: Vater, Mutter und Kinder werden in ihren „typischen" Rollen gezeigt. Die männliche Dominanz ist in den meisten Bilderbüchern – bewußt oder unbewußt – anzutreffen. An dem Bilderbuch von M. Leist, „Mutter erzählt mir alles", möchte ich die vorhandenen Rollenklischees näher aufzeigen.

Der in dem Bilderbuch vorkommende Junge rühmt sich, daß er mit seinem „Glied zwischen den Beinen ... hohe Bogen" und ein „großes M in den Schnee" spritzen kann. An späterer Stelle heißt es: „Prima, daß ich ein Junge geworden bin. Mutter sagt, ein Mädchen zu sein, sei auch sehr schön." Nach der Geburt seines Schwesterchens hebt der Junge abermals seine Männlichkeit hervor. Er stellt bedauernd fest: „Es hat wirklich nichts zwischen den Beinen. Gar nichts. Ob es deswegen traurig ist? Mutter meint: Nein, nicht sehr."

Im vorhergehenden Abschnitt wurde ja schon darauf hingewiesen, daß der/die Erzieher/in mit den Kindern über die Geschlechtsrollenstereotypen sprechen sollte. Gleiches gilt auch für die Bilderbücher, die die Sexualität behandeln, damit eine kritiklose Anerkennung und

Übernahme von Stereotypen im Sexualbereich eingeschränkt werden. In ihrer Studie zeigt C. Häfner auf, wie sich das Vater- und Mutterbild in Sexual-Bilderbüchern nach einer zwischenzeitlichen Egalisierung (bedingt durch die antiautoritäre Bewegung) wieder mehr zum traditionellen Bild von Mutter/Frau und Vater/Mann hinentwickelt, wobei der Vater nicht so sehr auf typisch männliche Rollenklischees festgelegt wird. Eine Auswertung der Sexual-Bilderbücher durch C. Häfner hinsichtlich der Vater- und Mutterrolle führte zu folgenden Ergebnissen:

„Eine Unterteilung der Stichprobe in drei Gruppen – Bücher der 60er, der 70er und der 80er Jahre – erbrachte ein differenzierteres Bild der Daten. Die Bücher der Gruppe C aus den 60er Jahren vertraten noch weitgehend ein traditionelles Rollenbild in der Familie; die Bücher der Gruppe aus den 70er Jahren dagegen versuchten eine Aufweichung traditioneller Rollenbilder darzustellen, und die Bücher der Gruppe A, vom Anfang der 80er Jahre, modifizierten die Vorstellungen aus den 70er Jahren wieder hin zu einem eher traditionellen Rollenbild, wobei dies nun vor allem auf die Mutter zutraf, während dem Vater deutlich auch weibliche Tätigkeitsfelder zugeteilt wurden." (C. Häfner 1987, S. 155)

Wenden wir uns nun den einzelnen Bilderbüchern zu und betrachten zuerst Bilderbücher, die über Zeugung, Geburt, Schwangerschaft und den „kleinen Unterschied" aufklären.

Bachmann, H./Schüttler-Janikulla, K.: *Peter bekommt eine Schwester,* Velber 1973
Peter bekommt eine Schwester. Er stellt darum seinen Eltern viele Fragen: Woher kommt das Baby? Wie wird es geboren? Wie unterscheiden sich Junge und Mädchen? u.dgl.m. Die Eltern beantworten die Fragen des Kindes kindorientiert und genügend differenziert. Dieses Bilderbuch vermittelt alle wesentlichen Sexualinformationen für ein Vorschulkind.

Becker, A./Niggemeyer, E.: *Ich bekomme einen Bruder,* Ravensburg 1973
Es ist eine Geschichte um die vierjährige Tina, die einen Bruder bekommt. Tina stellt immer wieder Fragen an ihre Eltern bezüglich der Entstehung eines Babys. In diesem Foto-Bilderbuch wird hervorragend gezeigt, wie das ältere Kind nach der Geburt des Neuankömm-

lings in die Familie einzubeziehen ist und nicht das Gefühl haben muß, ausgeschlossen und von seinem früheren Platz verdrängt worden zu sein.

Brauner, J./Regel, G.: *Tanja + Fabian,* Gütersloh 1975
In diesem farbigen Foto-Bilderbuch geht es um die beiden Kindergartenkinder Tanja und Fabian. Die sexuelle Aufklärung ist eingebunden in die alltäglichen Verrichtungen (z.B. gemeinsames Baden mit den Eltern), der Umgang mit den Kindern ist tolerant und liebevoll.

Chaupouton, A. M./Herrenschmidt, N.: *Micha und sein Baby*, Freiburg 1984
Michas Mutter erwartet ein Baby. Die Fragen nach Zeugung, Schwangerschaft und Geburt (ohne graphische Darstellungen) sind in das alltägliche Zusammenleben der Familie eingebettet.

Fagerström, G./Hansson, G.: *Peter, Ida und Minimum,* Ravensburg 1979
Peter, Ida und Minimum ist ein farbenfrohes Bilderbuch in Comicstil. Es wird erzählt, wie die Familie Lindström ein Baby bekommt. Peter und Ida erleben und erfahren alles, was sie an biologischen Informationen und sozialpsychologischen Folgerungen benötigenen, um diesem Einschnitt in ihrem Familienleben gerechtwerden zu können. Denn da gibt es mehrere Probleme und Schwierigkeiten: schlechte Laune der Mutter, Eifersucht und Rivalität, Mutter sitzt weinend am Bett u.a.m. Die Grundeinstellung zur Sexualität und Familie wird sehr positiv und lustvoll geschildert.

Hegeler, S.: *„Wie ist das eigentlich Mutter?“*, München 1968
Das Buch ist in Form eines fragenden Dialogs zwischen einem fünfjährigen Jungen und seiner Mutter geschrieben. Wie im Vorwort des Buches erwähnt, können diese Fragen jedoch auch schon von Dreijährigen gestellt werden. Die gewählte Dialogform eignet sich eher dazu, dem/der Erzieher/in Fragesituationen samt denkbaren Antworten vor Augen zu führen, als sie vorzulesen. Die einfachen, verständlichen Ilustrationen können die frei formulierten Antworten auf die Fragen des Kindes erläutern, als auch als Anregungen zu eigenen Zeichnungen benutzt werden.

Jarner, B.: *Wie ich ein Schwesterchen bekam*, Heidelberg 1978

Das Foto-Bilderbuch zeigt die Entwicklung des Menschen im Bauch der Mutter, ferner die Geburt und die erste Lebensphase. Schade, daß keinerlei Erklärungen gegeben werden, woher das Kind kommt. Der Vater ist bei der Geburt dabei, er füttert und wickelt das Neugeborene. Der Vater wird als relativ stark am Familienleben beteiligt dargestellt.

Knudsen, P. H.: *Wie Vater und Mutter ein Kind bekommen*, Heidelberg 1976
Ein Bilderbuch mit einfachen, klaren, kräftig-farbigen Zeichnungen und einem knappen, informativen Text in altersgemäßer Sprache. Es ist für jüngere Vorschulkinder sehr gut geeignet, da dem Kind über das Bilderbuch Geborgenheit und Wärme vermittelt wird. Deutlich wird, daß Sexualerziehung nicht nur Aufklärung über Zeugung, Schwangerschaft und Geburt ist, sondern ebenso auf die Einheit körperlicher und seelischer Vorgänge ausgerichtet sein sollte.

Leist, M.: *Mutter erzählt mir alles,* München 1971
Ein Bilderbuch für das ältere Vorschulkind. Auf über 50 Seiten wird abwechselnd eine Seite für den Text, die andere für die bildhafte Darstellung verwandt. Micha stellt viele Fragen an die Mutter, und sie klärt ihn über Zeugung, Schwangerschaft, Geburt, Geschlechtsunterschiede u.a.m. auf. Hierbei werden alle nötigen Fachwörter gebraucht. Ein Bilderbuch für Erzieher/innen und Eltern, die auf christlicher Basis ihre Sexualerziehung begründen wollen.

Nilsson, L.: *So kamst du auf die Welt*, München 1975
Ein sachliches, trotzdem einfühlsames Bilderbuch. Es erzählt alles, was das Kind zum Thema Zeugung, Schwangerschaft und Geburt interessiert. Farbfotos und Illustrationen unterstützen die Textaussagen.

Reich, M. u. H., *Das Baby*, Luzern 1980
Es handelt sich hier um ein kleinformatiges farbiges Foto-Bilderbuch. Behandelt wird die Schwangerschaft, Geburt und die erste Zeit, wenn das Baby geboren ist. Über 40 Kinderfragen zu diesem Themakomplex werden beantwortet. Fragen, die sehr realistisch sind.

Troll, Th.: *„Wo komm ich eigentlich her?“*, Hamburg 1974
Dieses urwüchsige Aufklärungsbuch ist im Grunde nicht für Kinder, sondern für bereits aufgeklärte Personen konzipiert worden. Doch es

ist letztlich ein Buch, daß keiner bestimmten Altersgruppe zuzuordnen ist. Es befaßt sich mit Zeugung und den Vorgängen bis zur Geburt, aber in einer solch ansprechenden und wohltuenden Weise, daß kein Mensch – gleich welchen Alters – auf die Idee käme, daß das etwas mit Biologie zu tun hat. Sexualität unter Erwachsenen wird hier als sehr liebevoller Akt dargestellt, es gibt viel zu schmunzeln und lachen.

Verch, K.: *Oliver und Ulrike entdecken die Geschlechtlichkeit,* St. Augustin 1973
Oliver und Ulrike sind die Handlungsträger der Geschichte. Sie sind es, die die Sexualität ergründen wollen und darum viele Fragen an die Eltern stellen. Die von den Kindern gemachten sexualdidaktischen Bemerkungen wirken teilweise etwas altklug. Insgesamt enthält das Buch die wichtigsten Sexualinformationen, wenn diese auch zu sehr in der „gehobeneren Sprache" gegeben werden. Die „unfeinere" Sexualterminologie, wie sie auch von den Kindern beherrscht wird, tritt nirgendwo deutlich hervor.

Wolde, G.: *Totte und Monika,* Reinbek 1984
Totte und seine Freundin Monika spielen oft zusammen und stellen fest, daß es in ihrem Äußeren viele Gemeinsamkeiten gibt. Erst als sie sich ausziehen, merken sie, daß es doch einen „kleinen Unterschied" zwischen ihnen gibt.

Diese Bilderbücher, zumindest ein Teil, sollten eigentlich zum selbstverständlichen Angebot des Kindergartens gehören. Sie haben keinen Sensationscharakter und werden von den Kindern wie jedes andere Bilderbuch auch angenommen. Bevor aber solche Bilderbücher ausgelegt werden, müssen diese den Eltern bekannt gemacht werden, z.B. an einem Elternabend. Viele Kinder verarbeiten ihre Bilderbucheindrücke ja erst zu Hause. Darum ist es nur zum Vorteil, wenn die Eltern die Sexual-Bilderbücher auch kennen. Sie können so auf Fragen und mögliche Unklarheiten des Kindes besser eingehen. Ein weiterer Grund, den Eltern die Bilderbücher zu zeigen, ist der, daß in manchen dieser Bücher Nacktheit in der Familie und Zärtlichkeit zwischen den Erwachsenen ebenso selbstverständlich und heiter dargestellt werden wie „Doktorspiele" der Kinder. Die Eltern müssen diese Bilderbücher bejahen, damit sie auch die Fragen und das sich daraus entwickelnde Interesse des Kindes bejahen können.

Die Geburt eines Geschwisterchens ist für das ältere Kind mit Problemen verbunden. Diese werden von nachstehenden Bilderbüchern aufgegriffen. Beim Betrachten der Bilderbücher kann u.a. zur Sprache kommen:

- Babys sind sehr hilfsbedürftige Wesen.
- Was brauchen Babys alles?
- Babys benötigen besonders liebevolle Eltern, diese müssen sich ihm mehr widmen als dem größeren Kind.
- Wenn das Baby einmal größer ist, kann man mit ihm spielen.
- Eltern haben den Neuankömmling nicht lieber als das ältere Kind usw.

Andersson, M./Gydal, M.: *Ole bekommt ein Brüderchen,* Reinbek 1976
Der Junge Ole freut sich auf die Geburt seines Geschwisterchens. Aber als das kleine Wesen da ist, ist Ole enttäuscht. Er kann mit dem Baby nichts anfangen, nicht einmal spielen kann er mit ihm. Erst als Ole die ersten Spielerfahrungen mit seinem kleinen Bruder macht, ist Ole stolz, der große Bruder zu sein.

Iwasaki, Ch./Brückner, Ch.: *Ein Bruder für Momoko*, Hanau 1977
Momoko kann sich nur schwer mit der Anwesenheit ihres kleinen Bruders abfinden. Allmählich aber wächst sie in die Rolle der „großen Schwester" und fühlt sich in dieser neuen Rolle sichtlich wohl.

Kirchhoff, G./Mizsenko, I.: *Sanni,* Düsseldorf 1981
Sanni findet den Neuankömmling ziemlich langweilig, weil sie mit ihm nicht spielen kann. Besonders verärgert ist das Mädchen darüber, daß alle sich viel mehr um das Baby kümmern als um sie. Sanni ist überaus glücklich, als sie erfährt, daß die Mutter sie genauso lieb wie das Baby hat.

Lindgren, A./Wickland, I.: *Ich will auch Geschwister haben,* Hamburg 1978
Peter bekommt eine kleine Schwester, auf die er sehr wütend ist. Am liebsten würde er seine Schwester gegen sein Dreirad eintauschen, weil er glaubt, die Eltern hätten sie lieber als ihn. Als der Junge von seinen Eltern erfährt, daß sie ihn genauso lieb haben wie seine kleine Schwester, und er selbst auch einmal klein und sehr hilfsbedürftig war, beginnt Peter sich für das Baby verantwortlich zu fühlen.

Mizsenko, I.: *Ein Brüderchen für Julia*, Düsseldorf 1981
Dieses Buch ist laut Verlag ein Sachbuch für die Kleinsten. Die Aufmachung ist auch entsprechend einfach; wenige Seiten, ein großes Bild pro Seite und wenig Text. Das Buch zeigt, wie das ältere Kind in die Schwangerschaft, Geburt und in die Säuglingszeit mit einbezogen wird.

Eine weitere Möglichkeit einer indirekten Sexualerziehung stellen Puppen mit Geschlechtsteilen dar. Durch den Umgang mit solchen Puppen werden die Kinder die Geschlechtsunterschiede bald bemerken. Die Reaktionen der Kinder reichen von Verlegenheit über neugierige Fragen bis zum selbstverständlichen Umgang mit den Puppen. Fragen an den/die Erzieher/in werden bestimmt folgen.

Durch Fotos (z.B. gemeinsames Betrachten von Babybildern oder nackten Kindern), Bilderbücher, Poster, Illustrierte, Werbeprospekte usw. werden die Kinder an „Sexualität" herangeführt.

Der/die Erzieher/in fördert und regt an zu Spiel- und Malaktionen: Die Kinder sollen mit dem Körper oder in Form von Zeichnungen verschiedene Gefühle ausdrücken wie Wut, Schmerz, Zärtlichkeit usw. Besonders beliebt sind die „Tierkinderspiele", wo die Kinder sich z.B. in der Rolle von kleinen Katzen, Bären oder Hunden streicheln, füttern, küssen und pflegen lassen.

In meiner Fragebogenuntersuchung wurde geäußert, daß der Gruppenraum sexuelle Aktivitäten der Kinder verhindere. Das stimmt mit meinen Erfahrungen überein. Die Kinder sind der „Öffentlichkeit" des Gruppenraumes ausgeliefert und haben kaum Rückzugsmöglichkeiten. Dadurch werden „intimere" Beziehungen der Kinder untereinander zweifelsohne behindert.

Der wenig persönliche und sterile Gruppenraum der Kindergärten, wird auch von der Arbeitsgruppe Vorschulerziehung (1980, S. 43f) bemängelt:

„Gruppenräume im Kindergarten sind häufig noch nach dem Grundsatz der Überschaubarkeit und problemlosen Reinigungsmöglichkeit eingerichtet. Dabei vergißt man leicht, daß die Kinder das Bedürfnis haben, sich auch einmal allein oder zu mehreren von der Gruppe abzusondern und für sich zu sein. Wenn man das Erziehungsziel akzeptiert, daß Kinder im Kindergarten persönliche und liebevolle Beziehungen zueinander entwickeln sollen, sollte man vermeiden,

Der "kleine Unterschied", gezeichnet von Christina, 4 Jahre/8 Monate

daß bereits von der Ausstattung des Kindergartens her nur unpersönliches Nebeneinanderspielen nahegelegt wird. Die herkömmlichen Puppenecken etwa engen Kinder bei ihren Familienspielen häufig ein. Stereotypes Rollenverhalten wird hier eher fixiert als aufgelockert, und die Trennung von Jungen- und Mädchenspielen wird nur noch gefördert. Man kann auch immer wieder beobachten, daß Rollenspiele vorzeitig abgebrochen werden oder durch die Einmischung unbeteiligter Außenstehender abflachen: Die Kinder werden oft durch die überschaubare Einrichtung des Gruppenraums an intensiveren Spielen gehindert. Eine Folge davon kann sein, daß sich Kinder langweilen und dann oft auf Spielanregungen der Erwachsenen angewiesen sind.“

Daraus ergeben sich folgende Möglichkeiten:

1. Unentbehrlich ist die Einrichtung einer Kuschelecke für Erfahrungen von Zärtlichkeit und Behutsamkeit. Die Kinder können sich zurückziehen, wann sie wollen und mit wem sie wollen. Decken (zum Zuhängen der Kuschelecke und um sich vor fremden Augen zu schützen), Kissen, Windeln, Puder, Creme, Babyflaschen, Büstenhalter, Strumpfhosen u.a.m. sollten nicht fehlen. Auch ungenutzte Winkel unter der Treppe oder hinter einem etwas vorgezogenen Schrank kann man mit Polstern auslegen und als Rückzugsort für Kinder einrichten.

Oder: Zusammen mit den Kindern richten die Erzieher/innen ein Arztzimmer aus Stellwänden, Stühlen, Decken usw. ein. Neben dem Wartezimmer, dem Labor und anderen Räumen wird auch ein Sprechzimmer eingerichtet und eine Liege aufgestellt. Zum Spiel werden ferner Salben, Verbandsmaterial, Watte, eine Pappröhre (als Stetoskop) etc. benötigt. Und selbstverständlich werden auch Patienten gebraucht (an denen es sicher nicht mangelt), die sich verbinden, massieren, röntgen usw. lassen.

H. Wichert (1983, S. 433) zeigt an einem Beispiel auf, wie der umgestaltete Gruppenraum von den Kindern genutzt wird, welche Spielmöglichkeiten er bietet:

„Ich beobachtete, wie in der nächsten Zeit die Rollenspiele der Kinder intensiver wurden. Die spielenden Kinder zogen sich in die gemütliche Ecke zurück, und seltener wurde ihr Spiel durch Einmischen unbeteiligter Außenstehender gestört. Begeistert spielten die Kinder Babyspiele mit den Babyutensilien. Ich denke, sie holen in solchen Spielen etwas nach. Sie schlüpfen noch einmal in die Säuglingsrolle, um im Spiel das Maß an Zuwendung und Hautkontakt zu bekommen, was ihnen jetzt wohl fehlt. Sie lernen in solchen Spielen auf die Bedürfnisse anderer einzugehen. Sie lernen eigene Kontaktwünsche auszudrücken und liebevoll zu sein."

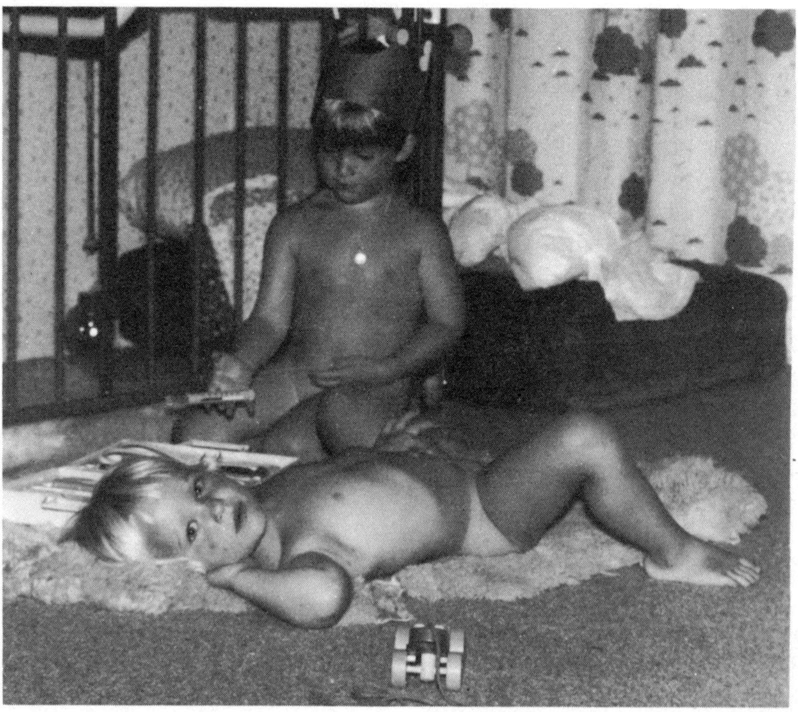

Magdalena und Felix spielen Doktor in der Kuschelecke.. Foto: Claus-Peter Schröder

2. Die Kinder stehen im Kreis, der/die Erzieher/in gibt Anweisungen und zählt, wie lange es dauert, bis alle Kinder verstanden haben, was er/sie sagt, z.B.:

alle Kinder fassen sich an den Händen: 1,2,3,4 ...
jeweils zwei Kinder umarmen und streicheln sich: 1,2,3,4 ...
wir fassen uns an die Nase: 1,2,3,4 ...
wir fassen uns an den Po: 1,2,3,4...usw.

3. Mein Schmusebär: Der/die Erzieher/in erzählt den Kindern folgende Geschichte:

„Es war einmal ein kleiner Junge, der besaß einen süßen, kuscheligen Teddybären, den nannte er ‚Schmusebär'. Er nahm ihn jeden Abend mit in sein Bett und gab ihm einen Zipfel von seiner Bettdekke ab, damit der Schmusebär nicht zu frieren brauchte.

Manchmal gingen die Eltern des kleinen Jungen abends noch weg, weil sie noch jemand besuchen wollten, und dem kleinen Jungen war dann ein bißchen ängstlich zumute, so allein in seinem Zimmer. Und wißt ihr, was er dann machte? Er stellte sich einfach vor, daß sein Schmusebär auch Angst hätte, und dann streichelte er den kleinen Bären und sagte zu ihm: ‚Du brauchst keine Angst zu haben, Papa und Mama kommen ganz bestimmt wieder. Und du bist ja bei mir im Bett, Schmusebär, und es ist so schön kuschelig und warm hier, merkst du es?' Wenn dann der kleine Bär immer noch ein bißchen Angst hatte, sang ihm der kleine Junge ein Lied vor, und dabei vergaß er ganz, daß er ja selbst ein bißchen Angst gehabt hatte.

Soll ich euch mal sagen, wie das Lied ging? Es ging so:

Text und Melodie: R. GÖTTE (Teile überliefert)

2. Den Schmusebär
geb ich nicht her,
ich will auch keinen andern mehr.
In dunkler Nacht
halt ich ihn sacht
bis morgen früh die Sonne lacht.

Bemerkung: Wer seinen Schmusebär oder ein Schmusetier mitbringen möchte, soll das tun. Dann wird das Lied für die Schmusetiere gesungen. (R. Götte 1984, S. 106 f)

4. Die Kinder bewegen sich frei im Gruppenraum. Wenn der/die Erzieher/in ruft: „Der Fußboden wird uns viel zu heiß!“ springen alle Kinder auf die im Raum verteilten Stühle und heben ihre Beine hoch. Bei „Jetzt ist es kalt im Raum!“ gehen die Kinder aufeinander zu, umarmen und wärmen sich gegenseitig.

5. Häslein in der Grube

Überliefertes Spiellied

2. Häslein, vor dem Hunde hüte dich!
Hat gar einen scharfen Zahn,
packt damit mein Häslein an.
Häslein komm! Häslein komm! Häslein komm!

Spielausführung:

Mehrere Kinder sitzen im Kreis und schlafen, während die anderen Kinder singend um die schlafenden Häslein kreisen. Bei den Worten „Armes Häslein, bist du krank, daß du nicht mehr hüpfen kannst?“ streichelt und umarmt der äußere Kreis die sich in der Mitte befindenden Kinder. Bei „Häslein, hüpf!“ klatschen alle Kinder in die Hände, und die „kranken Häslein“ hüpfen in den Außenkreis zurück.

Oder: Die Kinder, die vorher nicht die Häslein sein durften, sitzen nun schlafend im Kreis. Bei den Worten „Häslein, komm!“ hüpfen die Häslein zum äußeren Kreis und werden von diesem durch Umarmungen vor dem (fiktiven) Hund beschützt.

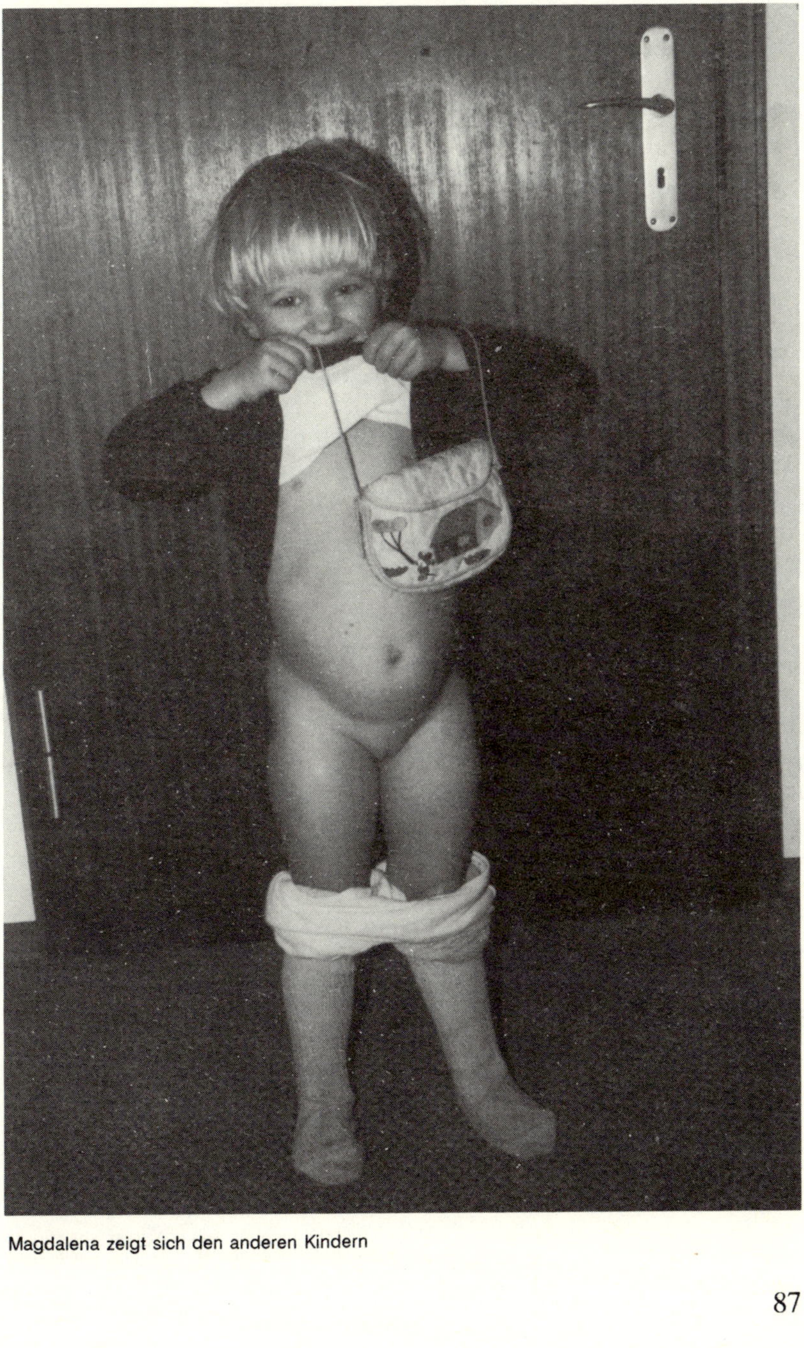

Magdalena zeigt sich den anderen Kindern

6. Da hast 'nen Taler

Die Kinder setzen sich paarweise einander gegenüber. Ein Kind hält die Hand hin, das andere Kind legt die linke Hand darunter und streicht mit der Rechten darüber, während es spricht:

Da hast 'nen Taler,
geh auf den Markt,
kauf dir 'ne Kuh,
ein Kälbchen dazu,
faß es am Schwänzchen (kleinen Finger anfassen),
didel-didel-dänzchen (mit den Fingerspitzen auf die Handfläche trommeln." (R. Götte 1984, S. 55)

7. Die Kinder malen sich in Lebensgröße auf Tapetenpapier oder formen ihr Ebenbild aus Knete. Aus Filzteilen basteln sie einen Menschen, dessen Gliedmaßen (einschließlich der Geschlechtsteile) abnehmbar und vertauschbar sind. Aus alten Strümpfen, Schlafanzügen, Trikots, Wolle, Schaumgummiresten u.a.m. können lebensgroße Puppen hergestellt werden – dies alles sind Ideen für die Darstellung der eigenen Person.

5.4 Didaktische Einheit „Baby"

Der/die Erzieher/in kann auch bestimmte Situationen aufgreifen, z.B. die Schwangerschaft einer Erzieherin oder Mutter. Wie man eine derartige Situation „didaktisch" gestalten und eine größere Sequenz planen kann, zeigt folgendes Beispiel eines Wochenplans. (Die „Didaktische Einheit" wurde von mir entnommen und teilweise verändert dem für Erzieher/innen empfehlenswerten Buch von R. Götte: *Sprache und Spiel im Kindergarten. Handbuch zur Sprachförderung mit Jahresprogramm und Anleitungen für die Praxis,* Weinheim 1984, S. 165 ff.)

Beispiel für einen Wochenplan

Wochentag	Während der Freispielzeit	Gemeinsame Aktivitäten	Am Nachmittag
Montag	Babybilder einrahmen (4)	Gespräch: Ein Kind kommt zur Welt (1)	Namen raten (11) Wörter ergänzen (12)
Dienstag	So klein war meine Hand (6)	Eine Frau, die ein Baby erwartet, besucht uns und zeigt einen Teil der Babyausstattung	Bilderbücher betrachten: Peter, Ida und Minimum (7)
Mittwoch	Wir richten ein Babyzimmer ein (2)	Turnen: Babygymnastik (9)	Wörterliste: Die Kinder nennen Wörter, die mit Baby und Geburt zu tun haben (13)
Donnerstag	Basteln: Ein Mobile für ein Baby (8)	Geschichte erzählen: Lisa, das Baby und die Blumenvase (14)	Fotos betrachten, die die Kinder mitgebracht haben (3) und erzählen
Freitag	Ausstellung aufbauen: Ich war klein - jetzt bin ich groß (3)	Rundgang durch die Ausstellung. Erzählen: Als ich klein war...(5)	Jacke - Jäckchen (10)

Vorbereitungen: Eine Frau, die ein Kind erwartet, fragen, ob sie mal in den Kindergarten kommt und einige Babysachen zeigt.
Fotos von Babys sammeln (Werbung in Illustrierten).

Nachschauen, ob Bilderbücher zur Sexualerziehung vorhanden sind. Eventuell ein Buch kaufen oder in der Bibliothek leihen.
Dinge besorgen, die ein Baby braucht (für 2): Flaschen, Sauger, Puder, Creme, Babywanne, Windeln, stabile Wiege u.a.m.

1. Gespräch: Ein Kind kommt zur Welt

Didaktische Vorüberlegungen: Das Wochenthema Baby wird dann am sinnvollsten eingesetzt, wenn ein konkreter Anlaß vorliegt, wenn z.B. ein Kind aus dem Kindergarten eine Schwester bzw. einen Bruder erwartet. Am günstigsten wäre es, die Mutter, die das Kind erwartet, käme in den Kindergarten, würde die Fragen der Kinder beantworten und einige Kleidungsstücke mitbringen, die sie für das Baby bereithält.

Schon vor dem Besuch der Mutter sollten die Kinder aber einige Kenntnisse über Schwangerschaft und Geburt vermittelt bekommen. Dabei muß sich der/die Erzieher/in klar machen, daß sich Kinder unter dem Begriff „Bauch“ gewöhnlich einen Hohlraum zur Nahrungsaufnahme vorstellen, der vom Hals bis zu den Beinen reicht. Geburt stellen sie sich dann etwa so vor wie die Befreiung des Rotkäppchens im Märchen: der Bauch wird aufgeschnitten, das Kind kommt heraus.

Es kommt also darauf an, dem Kind zu erklären, daß der Bauch viele verschiedene Funktionen und Organe hat, wobei man auf eine genaue Benennung und Beschreibung der einzelnen Organe in dieser Altersstufe verzichten kann. Vereinfachte Bilder, die später differenzierter und detaillierter erklärt werden müssen, genügen für das erste Verständnis der Vorgänge bei Schwangerschaft und Geburt.

Das Gespräch mit den Kindern findet am besten in kleinen Gruppen statt.

Gesprächsverlauf (ein Beispiel):

Anlaß: Alexanders Eltern bekommen bald ein Baby. Oder: Die Kinder betrachten Fotos von sich selbst als Baby. Oder: Sie betrachten ein „Sexual-Bilderbuch“.

Frage: Wo kommen die Babys eigentlich her? Sie wachsen im Bauch der Mutter, wo es weich und warm ist.

Frage: Ist denn im Bauch überhaupt Platz für ein kleines Kind? Der Bauch ist doch nicht leer. Was haben die Menschen denn alles im Brustkorb oder im Bauch?

Einen Behälter für die Nahrung: Magen. Und einen langen Schlauch für das, was man wieder ausscheidet: Darm. Einen Behälter für die Luft: Lunge; ein Herz, das man klopfen fühlen kann. Und dann gibt es bei den Frauen noch eine kleine Höhle im Bauch, die heißt Gebärmutter. Darin wächst das Baby.

Zuerst ist es ein winziges Ei, und man sieht gar nicht richtig, daß daraus mal ein Baby werden soll, aber dann wird es größer und größer und fängt an, sich zu bewegen und zu strampeln. Es bekommt sogar manchmal Schluckauf! Allmählich wird es ganz schön eng im Bauch, obwohl das Baby sich schon ganz klein macht. Es hat nämlich die Arme und Beine angewinkelt und übereinander gelegt (vormachen, nachmachen lassen). Wenn die Bauchdecke nicht so weich und elastisch wäre (Kinder fühlen ihre Bauchdecke), würde das Baby ganz schön zerdrückt.

Nach neun Monaten wird es dem Baby aber endgültig zu eng, und es möchte ein richtiges Bettchen haben, in dem es besser strampeln kann. Dann kommt es auf die Welt.

Frage: Wie kommt das Baby aus dem Bauch heraus? Zum Glück gibt es zwischen den Beinen der Mutter die Scheide. Diese ist dehnbar (Gummiring dehnen). So kann das Baby sich durchquetschen, ohne daß die Mutter dabei verletzt wird, und hinterher ist die Scheide fast wieder so klein wie vorher.

Frage: Tut es weh, wenn man ein Kind bekommt? Es ist für die Mutter nicht angenehm, aber für das Baby auch nicht. Und der Arzt und die Hebamme helfen den beiden, daß es gut geht. Wenn das Baby dann auf der Welt ist, kann die Mutter es gleich auf den Arm nehmen und trösten, und dann sind beide wieder sehr glücklich und zufrieden.

Frage: Wer gibt dem Kind im Bauch zu essen und zu trinken? Das Baby bekommt die Nährstoffe durch die Nabelschnur, das ist ein Schlauch, der die Mutter mit dem Kind verbindet. Wenn das Baby geboren ist, braucht es die Nabelschnur nicht mehr. Das Ende fällt ab, und da, wo die Nabelschnur beim Baby angewachsen war, bleibt nur noch der Nabel übrig (Nabel betrachten).

Frage: Wie bekommt das Kind zu essen, wenn es keine Nabelschnur mehr hat? Wenn eine Frau ein Kind bekommen hat, bildet sich in ihren Brüsten Milch für das Baby. Das Baby kann dann an der Brust trinken wie aus einem Fläschchen. Die Mutter hält es auf dem Arm dabei, und so können sich die beiden mal richtig anschauen. Später bekommt es auch Milch aus der Flasche und Gemüsebrei und Milchbrei mit dem Löffel. Das gibt aber zuerst ein großes Geschmiere, bis es gelernt hat, Brei zu schlucken!

2. Rollenspiel in Gang setzen: Wir richten ein Babyzimmer ein

Zunächst sollte das „Babyzimmer“ für die Puppen eingerichtet werden, es sollte aber den Kindern auch die Möglichkeit gegeben werden, selber das Baby zu spielen.

Gemeinsam mit den Kindern überlegen: Was braucht ein Baby alles? Badewanne, Badetuch, Kleidung, Windeln und Windelhöschen, Creme, Puder, Wickelplatz, Bett (Wiege?), Wagen zum Ausfahren, Flasche, Nabelbinde, Haarbürste u.a.m.

3. Ich war klein – jetzt bin ich groß

Die Kinder werden gebeten, Fotos und ein Kleidungsstück, das nicht mehr paßt (Schuhe, Jäckchen ...) mitzubringen. Damit eröffnen wir eine Ausstellung.

Der/die Erzieher/in markiert an der Wand, wie klein die Babys bei der Geburt waren (ca. 55 cm). Dann werden die Kinder gemessen und die Stelle an der Wand bezeichnet und mit Datum und Namen versehen. Die Kinder erhalten den Auftrag, ihre Eltern zu befragen, was sie als kleine Babys alles angestellt hätten. Sie sollen sich alles genau merken, um es am folgenden Tag auch den anderen Kindern erzählen zu können.

4. Babybilder einrahmen

Die von den Kindern mitgebrachten Fotos aus ihrer Babyzeit werden auf Pappe geklebt und mit Tapetenstreifen verziert. Als Aufhänger wird an der Rückseite eine Fadenschleife mit Tesafilm festgeklebt. Die Kinder dürfen selbst entscheiden, wo sie die Babyfotos im Gruppenraum aufhängen wollen.

5. Die Kinder erzählen: Als ich klein war

Die Kinder setzen sich (am besten in kleinen Gruppen nacheinander) vor die Wand, an der die ursprüngliche und die jetzige Größe der verschiedenen Kinder markiert wurde.

Der/die Erzieher/in erzählt: Als die Bärbel so groß war (er/sie zeigt auf eine Stelle an der Wand, die zwischen der Geburtsgröße und der jetzigen Größe des Kindes liegt), konnte sie noch nicht laufen, aber ganz schnell krabbeln. Wenn sie sich stellen wollte, mußte sie sich immer an irgendetwas hochziehen. Einmal hatte sie dabei das Tischtuch erwischt. Sie packte es, wollte sich daran hochziehen, aber das Tischtuch gab nach – und plötzlich saß die Bärbel auf dem Boden, und das Tischtuch lag über ihr. Da hat sie ganz verdutzt geguckt.

Nun sollen die Kinder von sich erzählen.

Es ist allerdings sehr schwierig, die Kinder dazu zu erziehen, sich gegenseitig zuzuhören. Viele wollen gern erzählen, aber sie tun es zu langsam, zu undeutlich, zu leise, zu stockend, zu unverständlich, so daß den anderen die Lust am Zuhören vergeht. Hier muß der/die Erzieher/in einen Kompromiß finden: Kinder erzählen lassen, aber die Zuhörerbereitschaft der anderen nicht überstrapazieren.

Er/sie sollte zwischendurch selbst wieder etwas Lustiges von einem Kind erzählen, und durch Zwischenfragen ein bißchen Ordnung in das, was die Kinder sagen wollen, zu bringen versuchen. Er/sie könnte z.B. „Überschriften" setzen, indem er/sie fragt: Wer von euch hat denn mal was Lustiges beim Essen gemacht? (Beim Baden, beim Laufenlernen, im Bett?) Wer hat einmal etwas Lustiges gesagt? Nach einigen Minuten sollte man dann das Gespräch abbrechen und die Kinder auffordern, sich gegenseitig gelegentlich weitere Geschichten zu erzählen.

6. Zeichen: So klein war meine Hand — so groß ist sie jetzt

Falls den Kindern nicht das Arbeitsblatt aus „Wir wollen Schule spielen" zur Verfügung steht, könnte der/die Erzieher/in einige Schablonen ausschneiden, die die Originalgröße der Hand eines Neugeborenen anzeigen. Diese Schablone wird von den Kindern umfahren. Daneben zeichnen sie ihre linke (Linkshänder die rechte) Hand, indem sie die Hand auf das Papier legen und mit einem Stift umfahren.

Für das Selbstbewußtsein des Kindes ist es wichtig, sich klarzumachen, daß es ständig wächst. Beobachten Sie einmal, wie stolz die Kinder auf ihre neue Handgröße sind, und wie sie sich gleichzeitig darüber freuen, daß sie einmal so „süße, kleine" Hände gehabt haben.

7. Bilderbuch betrachten: „Peter, Ida und Minimum"

(In ihrer Publikation schlägt R. Götte das Buch von W. Mc Bride und H. Fleischhauer-Hardt „Zeig mal!", Wuppertal o.J., vor. Während R. Götte andere Bilderbücher näher erläutert, nimmt sie zu „Zeig mal!" nicht Stellung. Mir erscheint dieses Bilderbuch(?) für den Kindergarten nicht geeignet. Die zahlreichen Fotoausschnitte dürften bei vielen Kindern (wie auch bei Erwachsenen) eher Verwirrung stiften statt Aufklärung. Ich frage mich, ob es zur „Aufklärung" nötig ist zu demonstrieren, wie man einen Penis küßt? Auch kann ich folgende Aussage eines am Koitieren der Erwachsenen beteiligten Kindes (für

Kindergartenkinder) nicht akzeptieren: „Mama, ich hab ein bißchen Angst, ich will nicht so ein Ding in meiner Scheide stecken haben.“)

Nicht nur in dieser Woche, sondern das ganze Jahr über sollen Kinder die Möglichkeit haben, ihre Fragen zum Themenkreis Schwangerschaft/Geburt anhand von Bilderbüchern beantwortet zu bekommen. Wichtig ist, daß das Kind nicht mit seinen Fragen und dem Buch allein gelassen wird, sondern daß der/die Erzieher/in das Buch gemeinsam mit den Kindern in kleinem Kreis betrachtet und bespricht.

8. Basteln: Ein Mobile für ein Baby

Ein Baby braucht zunächst etwas zum Betrachten, danach etwas zum Greifen. Wir basteln ein Mobile, das an der Decke über dem Babybettchen aufgehängt werden kann.

Einfachste Form: Aus Buntpapier Dreiecke, Quadrate, Kreise ausschneiden (jede Form doppelt), zwischen die beiden Formen einen Faden legen, dann die Teile zusammenkleben.

Kompliziertere Form: Mobile mit Querbalken.

9. Babygymnastik

Wir stellen uns vor, alle Kinder wären noch klein und niemand könnte schon laufen.

Alle Kinder robben und krabbeln im Kreis.

Sie legen sich auf den Rücken und strampeln.

Sie können schon den Kopf heben (Bauchlage), ohne sich mit den Händen abzustützen.

Sie schaukeln gern (Bauchlage, Füße mit den Händen fassen, vor- und zurückschwingen).

Sie wollen an ihrem Daumen (und großen Zeh) lutschen.

Sie lassen sich gern streicheln (jedes Kind streichelt seinen Nachbarn).

10. Spiel am Tisch oder im Kreis: Jacke – Jäckchen

Der/die Erzieher/in rollt einem Kind einen Ball zu und sagt: Jetzt hast du eine Jacke, früher hattest du ein ...

Das Kind rollt den Ball zurück und antwortet: Jäckchen.

Jetzt hast du ein Hemd, früher hattest du ein ... (Hemdchen).

Mütze-Mützchen

Strumpf-Strümpfchen

Socken-Söckchen

Schuhe-Schühchen
Hose-Höschen
Rock-Röckchen
Bluse-Blüschen
Pullover-Pullöverchen
Bett-Bettchen
Löffel-Löffelchen
Gabel-Gabelchen
Teller-Tellerchen

11. Namen raten

Zwei Eltern bekamen ein Baby. Sie überlegten, wie das Kind heißen soll.

Die Mutter sagte: Ich weiß einen schönen Namen. Rate mal, was ich meine. Er fängt so an: Al ...(Albrecht, Alfred, Albert, Alexander)
An ... (Andreas, Anton)
J ... (Jakob, Jochen, Johannes)
F ... (Felix, Fritz, Florian)
R ... (Ralf, Rüdiger, Rudolf)
M ... (Manuel, Michael, Martin).
Der Vater sagte: Jetzt rate du mal Mädchennamen:
A ... (Anna, Antonia)
El ... (Ellen, Elisabeth, Else)
Ma ... (Marianne, Maria, Margot)
R ... (Roswitha, Resi, Ruth)
S ... (Susanne, Susi, Sabrina)
U ... (Ursel, Ulla, Ulrike).
(Der/die Erzieher/in spricht den ersten Laut solange, bis die Kinder einen Namen finden.)

Im Anschluß an diese Übung sollen die Kinder selbst Namenrätsel aufgeben, indem sie von einem Namen nur den ersten Teil oder den ersten Laut sagen. Die Kinder lernen dabei, daß ein Wort aus verschiedenen Teilen besteht, die man auch trennen kann.

12. Wörter ergänzen

Der/die Erzieher/in wirft einem Kind ein Tuch oder einen Ball zu und spricht dabei ein längeres Wort, von dem er/sie die letzte Silbe wegläßt (z.B. Kinderwa-). Das Kind wirft das Tuch zurück und ergänzt das Wort (in unserem Beispiel: -gen!).

Wörterliste:

Ausfahrgarnitur
Baby
Babyflasche
Badewanne
Badetuch
Ball
Bauch
Beruhigungstee
Beißring
Blut
Brust
Brustwarze
Busen
Creme
Eizelle
Flasche, Fläschchen
Gebärmutter
Geburt
Glockenwürfel
Gummiunterlage
Hautöl
Hebamme
Hodensack
Impfung
Jäcken
Kinderwagen
atmen
aufstoßen
baden
dehnen
dehnbar
eincremen
elastisch
eng
ernähren
hungrig
krabbeln
lutschen
pudern

Kugelkette
Lätzchen
Luft
Milchfläschchen
Mobile
Muttermilch
Nabel
Nabelbinde
Nabelschnur
Nahrung
Penis
Puder
Rassel
Samenzelle
Sauger
Säugling
Säuglingsnahrung
Scheide
Schepper
Schnuller
Schwangerschaft
Sportwagen
Strampelhose
Werfpuppe
Wickelkommode
Windel
saugen
schaukeln
schreien
schwanger
strampeln
stillen
verschlucken
weich
wickeln
winzig
wund
zufrieden

Variation: Anhand bereitgestellter Materialien (Illustrierte, Werbeprospekte, Ratgeber in Apotheken und Drogerien) suchen die Kinder Bilder zu den Begriffen. Die Bilder werden ausgeschnitten und zu einer Collage geklebt.

13. Geschichte erzählen

Die Geschichte heißt „Lisa, das Baby und die Blumenvase" und ist von R. Ritter aus: Arbeitsgruppe Vorschulerziehung: Geburt und Zärtlichkeit, München 1980, S. 77 ff.

„Schrei nicht so laut!" sagt der Vater zum Baby. „Du weckst ja Lisa aus ihrem Mittagsschlaf!" Aber das Baby versteht nichts. Es liegt in seinem Bettchen wie ein Klümpchen Knet und hat den Mund sperrangelweit offen.

„Ach, jetzt hat das Baby schon wieder Hunger", sagt die Mutter. „Den ganzen Tag hat es Hunger und will, daß man es in den Armen wiegt. Und immer muß man die Windeln wechseln! Aber es ist ja noch so klein. Nur gut, daß Lisa kein Baby mehr ist."

(Die Kinder unterhalten sich darüber, wie lange man ein Kind als Baby bezeichnet.)

Nein, Lisa ist kein Baby mehr. Sie ist beinahe sechs Jahre alt. Jetzt kommt sie ins Wohnzimmer. Sie trägt eine Sonnenbrille, ein langes, enges Kleid bis auf den Boden runter, Schuhe mit hohen Absätzen und weiße Handschuhe bis zu den Ellenbogen. „Hallo, Lisa", sagt der Vater, „du hast dich ja richtig fein gemacht. Komm, wir gehen heute mal in den Zoo!"

Die Mutter nimmt das Körbchen mit dem Baby. Das Körbchen ist eine leere Streichholzschachtel, und das Baby liegt auf Watte. Die Mutter muß den Kopf einziehen, damit sie nicht an die Zimmerdekke stößt. Da rutscht ihr das Körbchen aus der Hand und fällt herab. Das Baby kullert über den Boden. Es hat eine ganz platte Nase, und seine Ärmchen sind verbogen.

„Das ist ja gar nicht schlimm", sagt Lisa. „Das Baby ist ja nur aus Knet!" Und das stimmt. Das Wohnzimmer ist nämlich auch nicht das richtige Wohnzimmer, sondern die Puppenstube. Vater und Mutter sind die Puppen Theo und Veronika, und Lisa ist die Anziehpuppe Fritzi. Die richtige Lisa hat in der Puppenstube das Familienspiel gespielt.

Aber das Familienspiel macht Lisa keinen richtigen Spaß mehr. In Wirklichkeit ist nämlich alles ganz anders. Das Baby ist die wichtigste Sache von der Welt. Den ganzen Tag heißt es:

Lisa, schau mal, wie das Baby lacht!

Lisa, sei nicht so laut, sonst wacht das Baby auf.

Lisa, du kannst dem Baby doch keine Schuhe anziehen, das ist doch keine Puppe!

Lisa, du trinkst doch nicht mehr aus der Flasche! Die ist doch nur für Babys.

Lisa, schau mal, was das Baby für kleine Fingernägel hat!

Lisa, du kannst das Baby noch nicht mit in den Kindergarten nehmen. Dafür ist es noch viel zu klein.

(An dieser Stelle können die Kinder danach gefragt werden, wie es Lisa wohl zumute sein mag.)

Lisa ist manchmal richtig wütend auf das Baby. Wenn Tante Frieda zu Besuch kommt, dann fragt sie zuerst: „Ja, was macht denn der kleine Uwe?" Das Baby ist nämlich ein Bub und heißt Uwe. Früher hat Tante Frieda zuerst nach Lisa gefragt und ihr eine Tüte Bonbons gegeben. Letztes Mal brachte sie nur eine Rassel für das Baby.

Das Baby spricht nicht, sondern schreit nur, es versteht nichts, meistens schläft es, und Lisa kann nicht mit ihm spielen. Dabei hat Lisa sich so auf das Baby gefreut! Mamas Bauch wurde immer dicker, und sie sagte zu Lisa:

(Die Kinder sollen äußern, was die Mutter zu Lisa alles gesagt haben könnte)

„Bald wirst du ein Geschwisterchen haben. In meinem Bauch wächst jetzt das Baby. Zuerst ist es so klein wie eine Erbse, und dann wächst es und wächst es, bis es so groß ist wie deine große Puppe. Dann muß ich ins Krankenhaus, und das Baby kommt aus der Spalte zwischen meinen Beinen heraus. So bist du auch zur Welt gekommen, Lisa!"

Wenn Lisa wütend ist, dann stellt sie sich vor, wie das Baby wieder kleiner wird. Es schrumpelt zusammen wie ein Luftballon, der ein Loch hat, wird immer kleiner. Das Baby wird so klein wie eine Erbse und verschwindet wieder in Mamas Bauch. „Dann ist es weg", denkt Lisa, „und ich bin wieder allein da."

Manchmal findet Lisa das Baby auch lieb. Sie darf ihm das Fläschchen halten und der Mutter beim Wickeln helfen. Das Baby hat dicke runde Ärmchen und Beinchen und ganz kleine Finger und Zehen. Weil seine Haut so dünn ist, muß es gepudert werden, damit es nicht wund wird. Sein Kopf ist noch weich. Die Knochen müssen erst hart werden. Zähne hat es auch noch nicht. Lisa denkt: „Babys sind noch gar keine richtigen Kinder. Sie sind noch zu klein dafür!"

Lisa hat keine Lust mehr, mit der Puppenstube zu spielen, weil sich die Puppe Lisa langweilt. Lisa geht zum Vater, der im Sessel sitzt und sagt: „Pappi, spielst du mit mir Hoppe Hoppe Reiter?"

„Jetzt nicht", sagt der Vater. „Ich bin müde und möchte ausruhen."

Lisa geht zur Mutter in die Küche und fragt: „Liest du mir noch einmal die Geschichte von Kricks und Kracks im Kindergarten vor?"

„Jetzt nicht", sagt die Mutter, „ich muß noch die Strampelhosen vom Baby waschen."

(Den Kindern wird Gelegenheit zur Äußerung des Gefühlszustands Lisas gegeben.)

„Blödes Baby", sagt Lisa. Sie ist traurig und wütend. Im Bauch ist sie mehr wütend und im Kopf mehr traurig. Lisa nimmt die Baby-Rassel und legt sich aufs Sofa. Sie schwenkt den Arm hin und her, so daß es laut rasselt.

„Lisa, hör auf!" knurrt der Vater. Lisa denkt: „Ich bin ein Baby, ich verstehe nichts." Sie fuchtelt mit den Armen hin und her, und die Rassel rasselt noch lauter.

„Lisa", ruft der Vater, „laß das und komm mal her!" Lisa denkt: „Ich bin ein Baby, ich kann nicht gehen." Sie rasselt so wild, wie sie kann.

„Jetzt ist aber Schluß", brüllt der Vater. Er springt auf und reißt Lisa die Rassel aus der Hand.

Lisa schaut einen Moment lang mit großen Augen, dann verzieht sie das Gesicht und fängt an, aus vollem Hals zu brüllen: „Rabää, Rabää, Rabää ..." Dabei denkt Lisa: „Ich bin ein Baby. Wenn man mir die Rassel wegnimmt, dann brülle ich, bis mein Kopf ganz rot wird und mir die Luft wegbleibt."

(Die Kinder geben wie Lisa Babylaute von sich)

„Rabää, Rabää",brüllt Lisa weiter.

Die Mutter kommt aus der Küche gelaufen. „Was ist denn hier los?"

„Rabää, Rabää, Rabää", brüllt Lisa und ballt die Fäuste.

Der Vater schüttelt Lisa: „Ich glaube, die ist plemplem," ruft er, „die benimmt sich ja wie ein Baby!"

Lisa hat jetzt wirklich einen ganz roten Kopf, und die Ohren tun ihr von ihrem eigenen Geschrei weh. „Ich verstehe nichts", brüllt sie, „und reden kann ich auch nicht! Ich bin ein Baby, ich will meine Rassel wieder haben! Rabäääääää ..."

Die Mutter setzt sich zu Lisa aufs Sofa und streichelt ihr über den Kopf. Sie sagt: „Lisa, du bist doch kein Baby mehr. Als du noch so klein warst wie Uwe, da haben wir dich auch im Arm getragen, du hast aus der Flasche getrunken, und wir haben dich im Kinderwagen spazieren gefahren. Alle Leute haben gesagt: Ach, ist die kleine Lisa süß! Tante hat dir einen Schnuller mitgebracht. Aber jetzt bist du doch schon größer, und du gehst ja bald in die Schule. Du kannst schon vieles selbst machen, aber ein Baby kann noch gar nichts allein. Wenn man zu dem Baby nicht lieb ist, dann geht es ihm schlecht, und es wird krank."

Lisa spürt, daß sie nicht mehr so traurig ist, wenn ihr die Mutter den Kopf streichelt. Die Wut im Bauch ist viel kleiner geworden. Dafür tut ihr der Bauch vom lauten Brüllen weh.

„Morgen zeige ich dir, wie man das Baby badet", sagt die Mutter. „Dann darfst du es auch einmal baden. Der Vater kann es auch noch nicht richtig!"

(Gemeinsam besprechen die Kinder, wie man ein Baby badet und was man dazu alles benötigt.)

Der Vater lacht und sagt zur Mutter: „Komm, beeil dich, wir müssen noch zum Einkaufen. Lisa", sagt er, „in einer halben Stunde sind wir wieder da. Paß schön auf das Baby auf. Ich glaube, es schläft jetzt."

Als die Eltern gegangen sind, setzt sich Lisa an ihren Tisch und malt. Sie malt den Vater, als er noch ein Baby war. Er hat einen dicken Kopf mit ganz wenigen roten Haaren drauf und riesengroße Ohren. Sein Bauch ist rund und voll mit gelbem Gemüsebrei. Unten am Bauch hat er ein Zipfelchen, denn er ist ja ein Junge, und die Beinchen sind ganz fett und rosarot. Damit man sieht, daß dieses Baby der Vater ist, malt Lisa ihm einen Hut auf den Kopf, und im Mund steckt ihm kein Schnuller, sondern eine Pfeife. Denn der Vater raucht immer Pfeife.

Plötzlich hört Lisa aus dem Wohnzimmer ein komisches Geräusch. Es klirrt, als ob etwas zu Boden gefallen wäre. Aber im Wohnzimmer liegt doch nur der kleine Uwe in seinem Bettchen! Da fängt er auch schon an, fürchterlich zu schreien.

(Was könnte jetzt passiert sein? Nachdem die Kinder genügend phantasieren durften, lenkt der/die Erzieher/in das Interesse der Kinder wieder auf die Geschichte.)

Schnell läuft Lisa ins Wohnzimmer zum Bettchen. Zuerst sieht sie das Baby nicht. Sein Kopf ist ganz bedeckt mit Blumen. Woher kommen die Blumen? Die kommen aus der Vase, die auf der Bettdecke liegt. Aber wie kommt die Vase vom Tisch in das Babybett? Da sieht Lisa, daß das Baby einen Zipfel vom Tischtuch in seinem Fäustchen hält. Jetzt weiß sie, was passiert ist: Das Babybett steht zu nah am Tisch, und ein Zipfel vom Tischtuch hing ins Bett. Der kleine Uwe hat mit seinen Fingern den Zipfel vom Tischtuch erwischt und mit dem Ärmchen herumgefuchtelt. Dabei ist die Blumenvase umgekippt und ins Bett gefallen. Das Wasser lief aus und die Blumen fielen über das Baby. Da ist der kleine Uwe erschrocken! Plötzlich war alles naß und kalt und dunkel!

Schnell nimmt Lisa die Vase und die Blumen aus dem Bett. Aber das Baby schreit immer noch in seinem nassen Kissen. Lisa ist aufgeregt. Deshalb fahren ihr die Gedanken schnell wie ein Blitz durch den Kopf. Sie denkt: „Sicher meint das Baby, es ist in einen tiefen, kalten See gefallen! Ich muß es ins Trockene bringen!"

Sie stellt sich auf die Zehenspitzen, faßt das Baby unter den Armen und hebt es hoch. Ist das Baby schwer! Lisa muß so stark sein wie ein Bär, damit sie das Baby aus dem Bettchen heben kann. Es zappelt mit Händen und Füßen.„ Aber dann hat Lisa das Baby fest im Arm und trägt es zum Sofa.

„Rabäää", schreit das Baby. Lisa trocknet ihm mit dem Taschentuch das Gesicht ab. Dann nimmt sie es auf den Schoß und wiegt es hin und her.

„Du brauchst deinen Schnuller", sagt sie leise zum Baby, „aber ich kann dich nicht allein auf dem Sofa lassen, sonst fällst du herunter."

Was soll Lisa tun?

(Die Kinder denken darüber nach, was Lisa tun könnte, bzw. was sie tun würden, wenn sie an Lisas Stelle wären.)

Sie schiebt dem Brüderchen einfach ein Stückchen von ihrem Daumen in den Mund. „Das ist beinah wie ein Schnuller", denkt sie. „Früher habe ich selbst manchmal am Daumen gelutscht." Und tatsächlich: Das Baby hört auf zu weinen. Es lutscht an Lisas Daumen, daß es kitzelt, und ist ganz zufrieden.

Da kommen schon die Eltern zurück. Die Mutter läßt vor Schreck die Einkaufstasche fallen, als sie die Bescherung sieht. Aber als Lisa erzählt hat, was mit dem Baby und der Blumenvase passiert ist, sind die Eltern sehr stolz auf Lisa.

(Die Kinder werden nach den Äußerungen der Eltern gefragt.)

Die Mutter sagt: „Lisa, du bist doch die Beste!" Und der Vater sagt: „Lisa, wenn wir dich nicht hätten! Dich und deinen Schnullerdaumen!"

Abschließend erläutert folgender Praxisbericht, welche Lernmöglichkeiten z.B. mit der Anwesenheit einer schwangeren Mutter im Kindergarten möglich sind, welche Aktivitäten (Gespräche, Rollenspiele, Bilderbuchbetrachtungen u.v.a.m.) ineinander übergehen können, so daß sich ein immer komplexeres Erfahrungsfeld für die Kinder eröffnet. Eine Erzieherin berichtet:

„Anlaß für das Thema war die Schwangerschaft einer Mutter. Weil sie ihr Kind täglich in den Kindergarten brachte, haben wir die Frau jeden Tag gesehen, so daß wir die äußeren Veränderungen sehr gut verfolgen konnten. Sie ist auch mit in die Gruppe gekommen und hat mit den Kindern über die Veränderungen gesprochen, die sie an sich bemerkt hat. Die Kinder haben z.B. erlebt, daß sie sich nicht mehr so gut bücken konnte, um etwas aufzuheben, daß das eben der Sohn machen mußte, was bislang nicht so war. Wir haben das Thema ganz gezielt erst acht Wochen vor der Geburt eingesetzt, also die letzten zwei Monate der Schwangerschaft, das Gespräch darüber kursierte aber eigentlich ständig in der Gruppe – mit Unterbrechungen. Vorgeschaltet haben wir eine Bilderbuchbetrachtung. Wir haben ‚Tanja und Fabian' angesehen und später auch ‚Ich bekomme einen Bruder'. Dann kamen die ersten Rollenspiele auf, die Kinder spielten in der Kuschelecke oft Familie. Allmählich wurde das Familienspiel mit dem Thema Geburt verbunden, bedingt auch dadurch, daß der Geburtstermin mit der Mutter immer näher rückte. Die Kinder akzeptierten die Puppe, die sonst in der Puppenecke lag, nicht mehr als Kind der Familie, sondern das Kind wurde rausgenommen aus dem ganzen Spiel, es wurde unter den Pullover gesteckt, und plötzlich hatte eben das spielende Kind im Rollenspiel auch einen dicken Bauch. Das fanden die Kinder unheimlich toll. Sie haben sich auch verkleidet, haben sehr große Kleider angezogen, die auch über den Bauch paßten, und das war dann halt die schwangere Mutter im Rollenspiel. Je mehr das Thema Geburt an die Kinder herangebracht wurde, um so weiter ging das Rollenspiel. Sie guckten sich das Bilderbuch an, wollten wissen, was passiert, wenn der Bauch so dick ist und wo das Kind herauskommt. Dann hat sich die ‚schwangere Mutter' im Rollenspiel auch auf die Matratze gelegt, die Beine angezogen und gerufen: ‚Mein Kind kommt, mein Kind kommt, ich krieg jetzt ein Kind.' Dann wurde der Pullover hochgeschoben, und die Puppe wurde unter dem Pullover rausgezogen, und es herrschte eitel Freude in dieser Familie, weil nun das Kind geboren war. Die Kinder haben das Kind sehr lieb gehabt, es war eine nette Atmosphäre. Sie haben sich alle gefreut über dieses Kind, das geboren war und konnten auch gut damit umgehen. Das

Kind brauchte ziemlich viel Pflege, das haben sie auch aus dem Bilderbuch schon gesehen. Das Kind, dessen Mutter schwanger war, hat sich sehr schön eingebracht, indem es oft die Anleitung des Spiels übernommen und gesagt hat: ‚Ich weiß aber, das geht dann so, und wenn das Kind kommt, dann muß das gewickelt werden.‘ Und so wurde dieses Rollenspiel über Wochen hin immer differenzierter. Das ging dann so weit, daß auch solche Dinge kamen wie: ein Kind kriegt man nicht zu Hause, das kriegt man im Krankenhaus. Nun wurde das ganze gekoppelt mit Arzt- und Krankenhausspielen. Wenn man dann ein Kind im Rollenspiel bekam, mußten erst noch der Arztkoffer her und die notwendigen Utensilien, so daß sich das Spiel immer mehr der Realität annäherte, die dieses Kind zu Hause erleben würde.

Die Phase der Geburt haben wir nicht mitbekommen, denn die lag in den Kindergartenferien. Die Kinder – etwa die Hälfte der Gruppe, die nach den Ferien noch da war – haben plötzlich festgestellt, daß Björn von dem Vater gebracht wurde und nicht wie üblich von der Mutter. Eines Tages kam er und teilte mit: ‚Ich habe einen Bruder bekommen.‘ Plötzlich war er viel ruhiger als sonst. Er sagte: ‚Ihr könnt jetzt nicht mehr so laut sein. Jetzt wo das Baby da ist, müßt ihr leise sein.‘ Er brachte also all das, was er zu Hause erlebte und gesagt bekam, sofort in das Rollenspiel ein, was eigentlich sehr vorteilhaft für ihn war, weil man ihm auch sehr gut Hilfen geben konnte für die häusliche Situation. Dann kam die Mutter wieder, nachdem sie die Phase der Geburt ganz gut überstanden hatte, und brachte den Jungen auch wieder in den Kindergarten, zwei, drei Tage später zum ersten Mal mit dem Kinderwagen. Das war für die Kinder ein tolles Erlebnis zu sehen: Plötzlich kommt die Mutter mit dem Kinderwagen, und der Bauch ist weg, und es ist eigentlich das, was wir bislang im Rollenspiel gespielt haben, plötzlich auch Wirklichkeit geworden ... Der Besuch von Mutter und Kind in der Gruppe verlief erstaunlich harmonisch. Sie haben sich das Kind angesehen, die Mutter hat es gewickelt. Auch dieser Besuch hat noch einmal recht nachhaltige Wirkungen auf die Gruppe gehabt.“ (F. Oertel 1982, S. 243 ff)

5.5 Kooperation mit den Eltern

Punkt d) meiner Fragebogenerhebung zeigt, daß 68,3% der befragten Personen die Kinder nur dann aufklären möchten, wenn die Eltern

Selbstbildnis eines 5 Jahre/8 Monate alten Mädchens (mit Baby im Bauch)

Selbstbildnis eines 5 Jahre/8 Monate alten Jungen (beim Pinkeln)

damit einverstanden sind. Für diese Personengruppe, so läßt sich vermuten, scheint das Elternhaus der eigentliche Träger der Sexualerziehung zu sein. Darum bedarf die Wichtigkeit der Elternarbeit im Zusammenhang mit sexualpädagogischen Bemühungen keiner gesonderten Hervorhebung. Diesbezüglich formuliert F. Oertel (1982, S. 117):

„Eine Abstimmung in diesem Bereich zwischen Elternhaus und Kindergarten ist notwendig, um das Kind nicht durch stark unterschiedliche Erziehungspraktiken in unlösbare Konflikte zu bringen. Nicht zuletzt sollte der Erzieher bedenken, daß die Elternrechte gerade in der Sexualerziehung gewahrt bleiben müssen."

Und L. Gademann (1977, S. 11) schreibt über die nötige Zusammenarbeit von Kindergarten und Elternhaus:

„Abschließend möchte ich noch betonen, daß Sexualerziehung im Kindergarten ... nur sinnvoll ist, wenn sie in Zusammenarbeit mit den Eltern geschieht.

Die Kindergärtnerin soll die Eltern zuerst über ihre sexualpädagogischen Absichten informieren, damit sie die Einstellung der Eltern kennenlernen kann. Wichtig ist, daß die Eltern grundsätzlich mit einer Sexualerziehung im Kindergarten, also mit der Theorie der kindlichen Sexualität einverstanden sind. Bezüglich der Ziele und Inhalte dieser Sexualerziehung können ruhig verschiedene Auffassungen bestehen, da es für ein Kind eine positive Erfahrung sein kann, mit anderen Normen und Werten in Kontakt zu kommen."

Auch H. H. Deißler (1974, S. 78) hebt in seinem Buch die Bedeutung der Zusammenarbeit von Kindergarten, Elternhaus und Träger für eine „geglückte" Sexualerziehung hervor:

„Es gibt immer noch genug Eltern ... , die erschreckt abwehren, wenn Kinder den Wunsch äußern, im Kindergarten nackend herumzuspringen, wenn sie Doktor spielen oder wenn sie, zärtlich einander im Arm haltend, auf einem Kissen miteinander schlafen wollen ... Das sei alles ohne Vorwurf gesagt ... Von dieser Sachlage muß die Erzieherin ausgehen, die sich entschließt, Sexualerziehung mit den Kindern durchzuführen. Die unumgänglichen Kompromisse können nur in geduldigen und ausführlichen Gesprächen zwischen Erziehern und Eltern gefunden werden ... Zu den notwendigen Klärungen gehört auch das dauernde Gespräch zwischen den Erzieherinnen und dem Träger. Auch hier sollte sich jeder mit seinen Auffassungen zur Diskussion stellen."

Die Zitate belegen, daß eine Sexualerziehung im Kindergarten nur in Kooperation mit dem Elternhaus möglich und erfolgversprechend ist.

Wie könnte ein Elternabend zum Thema Sexualerziehung aussehen und geplant werden?

Es ist ratsam, daß sich die Erzieher/innen, bevor sie den Elternabend durchführen, nochmals die Regeln der Gesprächsführung vergegenwärtigen. Dazu erscheint mir der sog. Laster-Katalog von W. Weber (1975, S. 40 ff) sehr brauchbar, der deutlich macht, welche Fehler während eines Gesprächs mit den Eltern zu vermeiden sind:

„a) Dirigieren, d.h. Ratschläge oder Befehle aussprechen, fertige Lösungen vorlegen, zu Überredung und Manipulation greifen ...

b) Debattieren, d.h. Streitgespräche führen, rechthaberisch den eigenen Standpunkt vertreten (oft wird hier die Redewendung benützt ‚Ja, aber ...‘).

c) Dogmatisieren, d.h. Aussagen von unanfragbarer Autorität verbreiten, ‚Lehrsätze‘ aus Theologie und Psychologie, ‚Lebenserfahrung‘ und ‚Volksweisheit‘.

d) Diagnostizieren (in einseitiger Weise), das bedeutet hier: schnell und verallgemeinernd und endgültig eine Diagnose aussprechen, so daß der Klient seine individuelle Freiheit verliert und außerdem durch die Diagnose schockiert wird ...

e) Interpretation (in einseitiger Weise), das bedeutet hier: eigenwillig und subjektiv auslegen, Dinge hineintragen oder herauslesen, die nicht wirklich angesprochen sind ...

f) Generalisieren, d.h. ein allgemeines Schema anwenden und so die Allgemeinheit gegen das Individuum ausspielen; zu unzulässigen Verallgemeinerungen greifen (z.B. Wörter benützen wie ‚alles‘, ‚immer‘, ‚nie‘).

g) Bagatellisieren, d.h. ein Problem oder Gefühl des Gespächspartners herunterspielen und als geringfügig ansprechen ...

h) Moralisieren, d.h. negative oder positive Werturteile aussprechen ...

i) Monologisieren, d.h. viel und langatmig reden und dabei den anderen aus den Augen verlieren.

j) Emigrieren, d.h. innerlich oder äußerlich auswandern und abschalten, abwehren, gleichgültig sein.

k) Rationalisieren, d.h. in einseitiger Weise logisch-intellektuell vor-

gehen und dabei die Gefühlswelt mißachten ...
l) Projizieren, d.h. eigene Erfahrungen, Gedanken und Gefühle auf den Gesprächspartner übertragen, von subjektiven Erfahrungen auf den anderen schließen.
m) Sich identifizieren (in einseitiger Weise), d.h. in der Welt des Gesprächspartners aufgehen, die nötige Distanz und die Selbstkontrolle verlieren ...
n) Sich fixieren, d.h. sich selber auf bestimmte Rollen festlegen oder sich vom Gesprächspartner eine feste Rolle zuschieben lassen (z.B. die Rolle des allwissenden Beraters, des ‚Züngleins an der Waage', der ‚trostreichen Mutter').
o) Abstrahieren, d.h. abstrakt und allgemein reden, wissenschaftliche Fachausdrücke benützen ...
p) Examinieren, d.h. ausfragen, zu viel fragen, aushorchen, verhören ...
q) Externalisieren, d.h. Randprobleme zur Sprache bringen und dem Gesprächspartner zurückspiegeln (z.B. partnerfremde Probleme, Äußerlichkeiten, gefühlsferne Themen).
r) Umfunktionalisieren, d.h. den Partner unterbrechen und das Gespräch gegen seinen Willen in eine bestimmte Richtung lenken (z.B. durch unmotiviertes Fragen) ..."

Natürlich werden die Eltern zum gruppeninternen Elternabend schriftlich eingeladen. Der Brief an die Eltern sollte durch eine kleine Illustration aufgelockert sein und bereits über den Inhalt eine gewisse Motivation für den Elternabend erwecken (siehe Beispiel für einen Elternbrief S. 109).

Auch über die Sitzordnung sollte man sich Gedanken machen. Es hat sich aus meiner Erfahrung heraus folgende Anordnung der Tische bewährt.

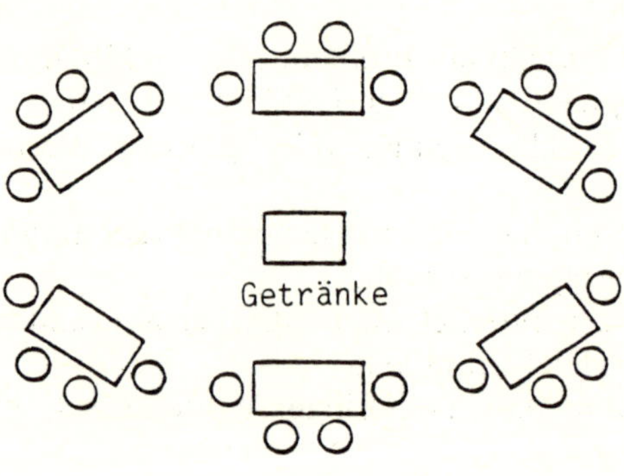

liche

Einladung zum Elternabend

wann: am 5. 3. 1986
wo: Kindergarten Gruppe 1
Zeit: 20 Uhr

Liebe Eltern,

inzwischen haben wir uns schon gemeinsam zu mehreren Elternabenden zusammengefunden und über unterschiedlichste Themen zur Kindererziehung diskutiert.
Den kommenden Elternabend haben wir unter folgendes Motto gestellt:

SEXUALERZIEHUNG IM KINDERGARTEN

Vielleicht werden Sie sich fragen, was geht der Sexualbereich die Institution Kindergarten an?
Wir Erzieherinnen erleben oft, daß die Kinder mit Fragen bezüglich der Sexualität an uns herantreten, z.B. wie: "Warum sehen Frauen 'unten' anders aus als Männer?" Oder: "Wie werden eigentlich Kinder 'gemacht'?" Ferner kommt im Kindergarten vor, daß sich die Kinder zu sog. "Doktorspielen" zurückziehen, sich auf der Toilette gegenseitig ihre Geschlechtsteile zeigen und anderes mehr.
Es ist für uns Erzieherinnen nicht immer leicht, direkt und unbefangen auf die Fragen und sexuellen Äußerungen der Kinder zu reagieren. Wir fühlen uns manchmal verunsichert, weil wir noch viel zu wenig darüber wissen, wie Sie, liebe Eltern, über Kindersexualität denken, ob Sie Sexualerziehung auch als eine Aufgabe des Kindergartens betrachten (?).
Darum möchten wir gerne mit Ihnen über Sexualerziehung und ihren Stellenwert in Familie und Kindergarten diskutieren, diesbezüglich mit Ihnen zusammen Fragen und Unsicherheiten klären.
Wir freuen uns sehr auf Ihr zahlreiches Kommen und verbleiben mit freundlichen Grüßen

Ihre Erzieherinnen

Die Eltern benötigen zu diesem „heiklen Thema“ einen Tisch, an dem sie sich „festhalten“, ihre Unsicherheit besser „verstecken“ können. Außerdem entsteht durch die Aufteilung in kleine Tischgruppen eher ein Kontakt: man wählt den Tischnachbarn bzw. die Tischnachbarin leichter zum/zur Gesprächspartner/in. Es fällt den Eltern dagegen schwerer, aus einem großen Kreis eine/n Gesprächspartner/in auszuwählen.

Ebenso ist der Elternabend selbst „reizvoll“ zu gestalten. So ist es angebracht, für diesen Abend Medien zu verwenden, z.B. Bilderbücher, Dias, Filme, Sachbücher usw. Der Einsatz von Medien sollte jedoch sparsam erfolgen, da quantitativ und auch qualitativ „überfütterte“ Eltern sonst nur eine passive Haltung einnehmen.

Wichtig ist ferner, daß sich die Erzieher/innen überlegen, welches Ziel sie sich für den Elternabend setzen, welchen Inhalt sie vermitteln wollen. Die von den Erziehern/innen getroffenen Überlegungen sollten aber nicht so angelegt sein, daß sie den Elternabend einzig und allein bestimmen. Zur Vorbereitung und Durchführung des Elternabends ist es günstig, von folgenden Fragen auszugehen:

1. Welche Ziele möchten wir erreichen?
2. Welche Inhalte müssen wir auswählen, um die geplanten Ziele auch tatsächlich zu erreichen?
3. Welche Medien könnten eingesetzt werden?
4. Welche Aufsätze und Bücher sind von uns Erziehern/innen zu lesen, um für den Elternabend gerüstet zu sein?
5. Wie wollen wir methodisch vorgehen?
6. Welche Eltern werden kommen? Mit welchen Lern- und Einstellungsvoraussetzungen haben wir es zu tun?

Gerade das Thema Sexualerziehung darf nicht allgemein und abstrakt behandelt werden, man sollte vielmehr möglichst mit plastischen Beispielen beginnen. So könnte beispielsweise den Eltern zu Beginn ein Text gegeben werden, der mehrere konfliktträchtige Erziehungssituationen (aus dem Kindergarten oder aus der Fachliteratur) kurz skizziert. Darin könnte stehen:

- Drei Kinder haben sich in der Puppenecke des Kindergartens versteckt. Nach einiger Zeit ziehen sie sich ihre Unterhosen herunter und betasten sich gegenseitig. Die Erzieherin kommt hinzu. Schnell ziehen die Kinder die Hosen hoch und meinen: „Wir spielen ja nur Vater und Mutter." Wie würden Sie sich gegenüber den Kindern verhalten?

– In der Kuschelecke spielen einige Kinder Familie. Im Verlauf des Spiels ziehen sich die Kinder nackt aus, streicheln und betasten sich gegenseitig. Lassen Sie die Kinder weiterspielen?
– Die Erzieherin rührt mit den Kindern Kleisterfarben an. Sie wollen ins Freie gehen und sich gegenseitig mit den Farben ihre nackten Körper anmalen. Auch die Erzieherin läßt sich anmalen, allerdings mit einem Bikini bekleidet. Was halten Sie von dieser Aktion?
– Gudrun und Michael streiten darüber, wie Kinder geboren werden. Gudrun meint: „Sie kommen aus dem Hintern raus!" Michael dagegen behauptet: „Sie werden den Mamas im Krankenhaus ins Bett gelegt!" Welche Antwort soll die Erzieherin den beiden Kindern geben?

Diskutieren die Eltern über diese Beispiele, wird man damit rechnen müssen, daß sich grundsätzliche Meinungsverschiedenheiten und viele Fragen ergeben, z.B.:

– Haben Kindergartenkinder schon eine Sexualität, oder wird ihr Interesse an sexuellen Handlungen erst wachgerufen, wenn sie darauf aufmerksam gemacht werden? Stecken sich nicht die Kinder gegenseitig an?
– Läuft man nicht Gefahr, die Sexualität überzubetonen, wenn man sexuelle Äußerungen im Kindergarten gestattet?
– Fördert miteinander schmusen, sich gegenseitig nackt zeigen, das Tolerieren von Doktorspielen usw. die Liebesfähigkeit, oder erreicht man dadurch nicht das Gegenteil, die Abstumpfung der Gefühle und der Genußfähigkeit für spätere Beziehungen?

Solche Bedenken sind trotz noch so fortschrittlicher Standpunkte der Erzieher/innen ernst zu nehmen. Diesbezüglich konstatiert die Arbeitsgruppe Vorschulerziehung (1980, S. 60):

„Besser und der Verständigung förderlicher wäre ein gemeinsames Vorgehen: Erzieher untersuchen zusammen mit den Eltern, warum man solche Bedenken entwickeln kann, ob es Hinweise gibt, die für solche Annahmen sprechen und welche Erfahrungen das Gegenteil annehmen lassen. Hier kann es auch einmal sinnvoll sein, gemeinsam mit den Eltern (in einem persönlichen Gespräch; M.B.) zu überlegen, welche Auswirkungen die Erziehung, die man selbst hinter sich hat, auf die eigene Einstellung hat." Es ist ratsam, die wichtigsten Aussagen des Elternabends zu protokollieren und diese den anwesenden (und nicht anwesenden) Eltern in einem gesonderten Elternbrief zuzusenden (siehe das Beispiel eines Elternbriefs S. 113/114).

Ein wichtiger Hinweis gilt noch den Voraussetzungen, die die Eltern mitbringen. Die Erzieher/innen sollten sich bei der Vorbereitung und Durchführung des Elternabends stets bewußt sein, daß jeder Elternteil, bedingt durch die eigene Sozialisationsgeschichte, eine persönliche Einstellung zur Kindersexualität hat. Meine Erfahrung zeigt, wie sehr dieser Themenbereich mit Hemmungen umgeben ist, und von den Eltern hinsichtlich sexualpädagogischer Fragen zumeist wenig Offenheit zu erwarten ist. Ebenso wenig kann man davon ausgehen, „daß sich nach heutigen Maßstäben ausgewogene sexualpädagogische Prinzipien und Leitlinien den Eltern vermitteln ließen. Die emotionalen Schwellen sind dafür oft zu hoch." (F. Oertel 1982, S. 124)

Diesen eben beschriebenen Sachverhalt berücksichtigend, folgert F. Oertel (1982, S. 124):

„Dies kann dazu führen, daß der Kindergarten unter Umständen zunächst nur kleine Schritte seines sexualpädagogischen Konzepts verwirklichen kann. Im Extremfall dürfte es sogar ratsam sein, Einzelgespräche anstelle eines Elternabends anzubieten, da ein solcher unter ungünstigen Bedingungen (Beispiel: Ein ‚Wortführer' aktiviert die Eltern gegen die vom Kindergarten vertretene Auffassung von Sexualerziehung) den Bemühungen des Kindergartens vielleicht mehr schadet, als nützt. Unabhängig von diesem Fall bieten Kontakte mit einzelnen Eltern als methodische Möglichkeit bedeutsame Vorteile. Vor allem kann der Erzieher in einer vertrauensvollen Atmosphäre auf die besondere Situation, die Anliegen und Fragen der Eltern besser eingehen bzw. seine Vorstellungen eher verdeutlichen."

Letztlich müssen manche Eltern immer wieder darauf hingewiesen werden, daß nicht der Kindergarten die notwendige familiale Sexualerziehung ersetzen, sondern nur, gemäß dem spezifischen Erziehungsauftrag, kompensatorisch erweitern kann.

Dillingen, den 15. März 1986

Sehr geehrte Eltern,

mit diesem Brief teilen wir Ihnen die gemeinsam erarbeiteten Ergebnisse unseres letzten Elternabends mit. Sie erinnern sich, daß wir uns nach langer und heißer Diskussion auf folgende Punkte einigten:

- Die Kinder sollen sich in Bezug auf sexuelles Verhlaten frei entfalten können, d.h. beispielsweise, wenn sich die Kinder im Kindergarten ausziehen, so tolerieren wir diese Tatsache.

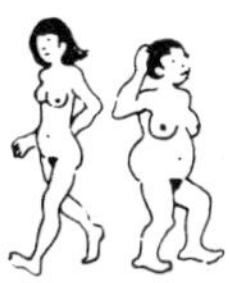

- Auf keinen Fall und unter keinen Umständen sind die Kinder von Erwachsenen zu sexuellen Handlüngen anzuregen.

- Auch akzeptieren wir, wenn sich die Kinder gegenseitig nackt anschauen und berühren. Sollten dazu von den Kindern Gegenstände benützt werden, die eine Verletzungsgefahr in sich bergen, greifen wir natürlich ein.

- Ebenso greifen wir ein, wenn Kinder gegen <u>ihren</u> Willen zu Handlungen gezwungen werden.

- Auf Fragen der Kinder versuchen wir wahrheitsgetreu zu antworten.

- Wir werden im Kindergarten eine sog. "Kuschelecke" einrichten, wo sich die Kinder auch zum Austausch von Zärtlichkeiten treffen dürfen.

- Ausdrücklich wurde immer wieder betont, daß der Kindergarten die Sexualer ziehung der Familie nicht ersetzen kann. Darum ist die Zusammen arbeit zwi schen uns und Ihnen, liebe Eltern, be sonders wichtig und notwendig. Um Unklarhei ten und unnötige Probleme zu vermeiden, wollen wir uns immer gegensei tig infor mieren und austauschen.Deshalb haben wir mehrere Elternabende zum Thema Sexualerziehung ins Auge gefaßt.

- Einig sind wir uns geworden, Sexualerziehung nicht isoliert zu betrachten, sondern diese nur im Rahmen einer Gesamterziehung zu sehen.

- Die von den Erzieherinnen vorgeschlagenen Bilderbücher wurden von Ihnen nicht alle akzeptiert, die zeugungsorientierten Dar-

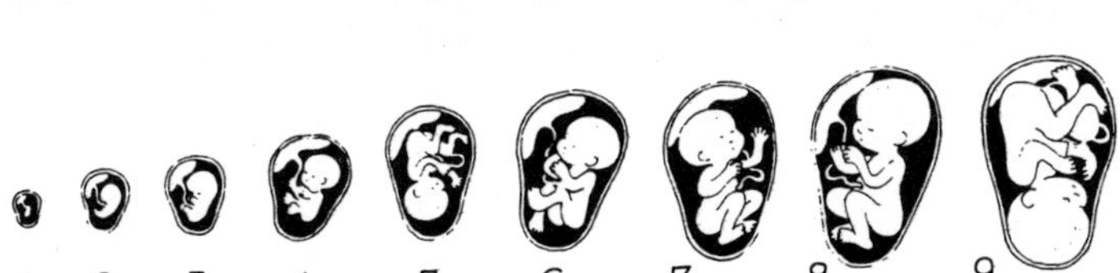

Monat 1 2 3 4 5 6 7 8 9

stellungen mancher Bilderbücher zum Thema Sexualität bemängelt. Auf folgende Bilderbücher, die in den Bilderbuchbestand des Kindergartens aufgenommen werden, haben wir uns geeinigt:

- Becker, A./Niggemeyer, E.: Ich bekomme einen Bruder, Ravensburg 1973
- Fagerström, G./Hansson, G.: Ida und Minimum, Ravensburg 1979
- Wolde, G.: Totte und Monika, Reinbeck 1984

- Leist, M.: Mutter erzählt mir alles, München 1971
- Lindgren, A./Wickland, I.: Ich will auch Geschwister haben, Hamburg 1978
- Mizsenko, I.: Ein Brüderchen für Julia, Düsseldorf 1981

Wir vergegenwärtigten uns ausdrücklich, daß persönliches erzieherisches Handeln gerade im Bereich der Sexualität durch nichts zu ersetzen ist, es kann aber erleichtert und unterstützt werden durch den Einsatz pädagogischer Hilfsmittel, wie Bilderbücher.

Auf diesem Wege sagen wir nochmals herzlichen Dank für ihre rege Anteilnahme und Mitarbeit am letzten Elternabend, als auch für Ihr zahlreiches Erscheinen. Weiter so!

Wir freuen uns jetzt schon auf den nächsten Elternabend und verbleiben mit freundlichen Grüßen

Ihre Erzieherinnen

Die Illustrationen sind dem Bilderbuch von G. Fagerström und G. Hansson entnommen.

6. Abschließende Gedanken

Das Thema Sexualerziehung im Kindergarten ist vor allem aus folgenden Gründen aufzugreifen:

1. Zwar ist allgemein die Einstellung zur Sexualität liberaler geworden, doch die ablehnende Haltung zur kindlichen Sexualität und deren Tabuisierung ist m.E. weitgehend geblieben.
2. Die Sexualität wird durch Erziehung sehr stark beeinflußt. Den Erziehenden kommt von daher eine Schlüsselstellung in der Sexualerziehung, insbesondere in der Vorschulzeit, zu.
3. Die Sexualerziehung darf sich nicht vorwiegend in biologischer Aufklärung erschöpfen, sie muß vielmehr eingebettet sein im fortwährenden Erziehungsprozeß.

Mindestens seit S. Freud ist uns bekannt, daß das Kind auch in seinen ersten sechs Lebensjahren ein Mensch mit geschlechtlichen Regungen und Bedürfnissen ist. Das erzieherische Verhalten hat sich an dieser Erkenntnis zu orientieren.

Mehrere Untersuchungen zur psychosexuellen Entwicklung belegen, daß beispielsweise daß Herumspielen an den Genitalien schon im ersten Lebensjahr die Regel ist. Kleinkinder zeigen bereits Ansätze sexueller Regungen und des lustvollen Erlebens von Sexualität. Konkrete sexuelle Reaktionen wie Masturbation, Doktorspiele, Exhibitionieren u.a. erfolgen verstärkt um das dritte, vierte Lebensjahr, also zur Zeit, in welcher der Kindergarten besucht wird. In diesem Lebensabschnitt verlangen die Kinder nach sexueller Aufklärung, nehmen sie doch die eigene Geschlechtlichkeit und die anderer Personen wahr. Die Reaktionen der zu Erziehenden auf die sexuellen Äußerungen der Kinder sind von besonderer Wichtigkeit, da eine positive oder negative Einstellung zur Körperlichkeit und zur Sexualität durch frühkindliche Erziehung wesentlich mitbestimmt wird.

Wenn wir uns die Fragebogenergebnisse nochmals in Erinnerung rufen, geht daraus hervor, daß in den meisten Kindergärten weiterhin die *tabuisierende Sexualerziehung* vorherrscht. Insofern hat sich in den vergangenen Jahren nichts Wesentliches verändert. Nach wie vor wird die Sexualität der Kinder nicht wahrgenommen. Repressive Praktiken und negative Sanktionen wie das Berührungsverbot des eigenen Körpers und des Körpers anderer Kinder, das Untersagen von Doktorspielen usw. kennzeichnen die gegenwärtige Sexualerziehung im Kindergarten.

Es dürfte eine unbestrittene Tatsache sein, daß die Erzieher/innen im Kindergarten auf irgendeine Weise auf sexuelles Verhalten der Kinder reagieren und unmöglich eine „neutrale" Haltung einnehmen können: „Wenn sie (die Erzieherin; M.B.) nichts sagt, sondern nur erschrickt, falls ein Kind einem anderen die Hose auszieht, ist sie nicht neutral, sondern nimmt Stellung aus dem ängstlichen Denken einer Erwachsenen. Wenn ein Kind fragt, ob es stimmt, was der andere über das Kind im Bauch seiner Mutter sagt, dann ist sie nicht neutral, falls sie tut, als ob sie es nicht hört oder sagt: ‚Frag das deine Mutter!' ... Wenn die Erzieherin in strikter Weise alle sogenannten unanständigen Wörter abweist, ... dann ist sie wiederum nicht neutral, sondern erweckt den Eindruck, daß es ‚auf diesem Gebiet' viel strengere Normen gibt als anderswo." (H. M. Dresen-Coenders 1971, S. 54)

An dieser Stelle möchte ich noch auf die Äußerung einer Erzieherin eingehen, die zu meiner Fragebogenerhebung meinte, daß die Bedrohung durch AIDS Doktorspiele im Kindergarten nicht zulasse, könnten sich doch Kinder mit dieser gefährlichen Krankheit infizieren. (Übrigens waren noch weitere fünf Erzieherinnen dieser Ansicht.) *Hier wurde anscheinend die Sexualität der Kinder mit der der Erwachsenen verwechselt.* Kindersexualität erschöpft sich in gegenseitigem streicheln, nackt zeigen, onanieren, Doktorspielen u.a.m. Hier handelt es sich also um Verhaltensweisen, die AIDS nicht übertragen können. Die sexuellen Verhaltensweisen der Kinder sind von zärtlicher Natur. Natürlich werden die Erzieher/innen Handlungen unterbinden, die eine Verletzungsgefahr in sich bergen, wenn beispielsweise die Kinder beim Doktorspiel spitze Gegenstände verwenden. Solche Eingriffe seitens der Erzieher/innen hat es schon immer gegeben (auch ohne AIDS-Gefahr) und wird es weiter geben.

Jedenfalls benötigt das Kind zur „glücklichen" Sexualentwicklung die akzeptierende Einstellung der Erziehenden, die offen sexuelle

Fragen beantworten, sexueller Neugier keine Schranken aufbauen und keine unnötigen Hemmungen anerziehen. Das ist bestimmt leichter gefordert als getan. Jede/r Erziehende muß diesbezüglich eigene Hemmungen, Ängste, Verklemmungen, Verknotungen und Unsicherheiten abbauen. Eins aber dürfte unbestreitbare Tatsache sein: Hemmungen, Unsicherheiten, Ängste und Probleme im Bereich der Sexualität hat zuerst der Erwachsene und nicht das Kind. Die häufig gehörte Aussage, man müsse abwarten, bis das Kind mit Fragen zur Sexualität kommt, ist m.E. oft nichts anderes als eine unbewußte Bemäntelung der eigenen Hemmungen und Schwierigkeiten, mit Kindern über Sexualität zu reden. Demnach ist die sexuelle Biographie des/der Erziehenden ein ausschlaggebender Faktor für die Einstellung zur Kindersexualität.

Darum wird der/die Erzieher/in sich zunächst selbst überlegen müssen, wie sein/ihr Verhältnis zur Sexualität durch die eigene Sozialisationsgeschichte geprägt worden ist.

Es ist noch hervorzuheben, daß es nicht richtig wäre, die Sexualität der Kinder zu fetischisieren und ihr einen gesonderten Stellenwert in der Erziehung einzuräumen, wie es nicht richtig ist, daß man sie tabuisiert. Kindersexualität hat nicht nur mit „Lust" zu tun, besteht nicht nur aus Doktorspielen, „schweinischen" Wörtern usw., dazu gehören auch Freude, Sinnlichkeit, Zärtlichkeit, Liebe, Zuneigung, Körperberührungen, entspannte Situationen, Akzeptanz ohne Bedingungen u.v.a.m. Darum gehört zur Sexualerziehung neben sexueller Aufklärung und dem Akzeptieren konkreter sexueller Reaktionen die Erziehung zur *Liebesfähigkeit.* Deshalb ist die Sexualerziehung nur im Rahmen der Gesamterziehung zu sehen, eingebettet in eine umfassende Persönlichkeitsbildung und -erziehung. Vor diesem Hintergrund lassen sich nach N. Huppertz zusammenfassend folgende Grundsätze zur Liebeserziehung im Kindergarten fordern:

„a) Liebeserziehung ist einbezogen in das normale alltägliche Kindergartenleben überhaupt. Sie umfaßt Wissen, Können und Einstellung der Kinder.

b) Am besten ist es, daß die Kinder die erforderlichen Informationen dann erhalten, wenn sich die entsprechende Situation ergibt (z.B. ein Kind bekommt ein Geschwisterchen, eine Mutter ist schwanger). Ergeben sich solche Situationen nicht, dann sind entsprechende Aktivitätsangebote zu planen und durchzuführen.

c) Erfahrungen der Kinder können hilfreich sein. Wird dem Kind z.B. gesagt, daß die eheliche Liebesvereinigung etwas besonderes Schönes und Lustvolles ist, so kann der Erzieher Vergleiche ziehen zu Lusterfahrungen, die das Kind bereits gemacht hat.

d) Das Gespräch über die Sexualität soll so offen wie möglich sein. In anderen Bereichen ist dies ja auch der Fall.

e) Schriftliches Material, wie z.B. Bilderbücher, sollte der Kindergarten besitzen und entsprechend benutzen.

f) Kinder sollten nicht überfüttert und nicht überfordert werden. Selbstverständlich kann auch hier des Gesagten zu viel getan werden. Fehlende Sexualinformationen können allerdings schlimme Folgen haben, z.B. bei Sexualdelikten. Bei der Frage nach der Qualität der Informationen kann man sagen, daß Dinge, die das Kind noch nicht aufnimmt, normalerweise schadlos von ihm vergessen werden. Kinder sollten bis zur Einschulung möglichst darüber informiert sein, erstens woher die kleinen Kinder kommen, zweitens wie sie in den Bauch der Mutter kommen und drittens wie sie dort herauskommen.

Wie umfassend diese Informationen über Zeugung, Schwangerschaft und Geburt sein sollen und ob evtl. ein Bereich ganz ausgelassen werden kann, hängt u.a. auch von der Interessenlage der Kinder ab. Vorschulkinder müssen ja keineswegs eine falsche Sozialisation erfahren haben, wenn sie nicht immer das vermutete Interesse an Sexualfragen zeigen. Dazu ein Beispiel: C., ein sechsjähriger Junge, der noch den Kindergarten besucht, wird gefragt: ‚Habt ihr im Kindergarten auch schon einmal besprochen, woher die kleinen Kinder kommen?' – ‚Nein. Ich will so etwas auch noch gar nicht wissen. Warum fragst Du das überhaupt ...?'

Es wäre geradezu töricht und würde überhaupt nicht einem kindorientierten Vorgehen entsprechen, wenn hier nun der Kindergarten krampfhaft Sexualinformationen vermitteln wollte. Erwähnenswert ist hier noch, daß C. etwa zwei Jahre vorher an Zeugung und Geburt ziemliches Interesse gezeigt und darüber detaillierte Informationen erhalten hatte.

g) Liebeserziehung sollte im Bewußtsein der Kinder eine erfreuliche Perspektive erhalten. – Die im frühen und vorschulischen Alter vermittelten Haltungen sind für das Kind fundamental.

Es sollte vermittelt werden, daß Liebe und Sexualität etwas Schönes sind, und es darf nicht – auch nicht in der Besprechung von Problempunkten (z.B. ohne Mutter oder ohne Vater sein oder im Zusammenhang mit dem Sexualdelikt) – Angst und Aversion überwiegen. Leitaspekt von Liebeserziehung für das Bewußtsein des Kindes muß sein, daß Liebhaben und Geliebtwerden schön ist.

h) Liebeserziehung – und gerade Sexualerziehung als ein zentraler Aspekt davon – erfordert eine qualifizierte Kooperation, insbesondere mit den Eltern.“(N. Huppertz 1984, S. 39 f)

So gesehen wird Sexualerziehung zur Grundlage von Liebesfähigkeit und führt zur Selbstverwirklichung des jungen Menschen.

Und auch in den Ausbildungsstätten für soziale Berufe müßte die frühkindliche Sexualität wesentlich mehr beachtet und den künftigen Erzieher/innen Möglichkeiten und Modelle zur Sexualerziehung aufgezeigt werden. Ebenso müßten mögliche falsche Erziehungshaltungen und -maßnahmen kritisiert und ihre Wirkungen auf das spätere Sexualleben dargestellt werden.

Literatur

Arbeitsgruppe Vorschulerziehung: Junge und Mädchen, München 1980

dies.: Geburt und Zärtlichkeit, München 1980

Ariès, Ph.: Geschichte der Kindheit, München 1969

Berger, M.: Ergebnisse einer Untersuchung: Weibliche Rolle im Bilderbuch, in: Börsenblatt für den deutschen Buchhandel, 1984/Nr. 24

ders.: Zur Darstellung von Geschlechtsrollen in Bilderbüchern, in: Schüttler-Janikulla, K. (Hrsg.): Handbuch für Erzieher in Krippe, Kindergarten, Vorschule und Hort, Landsberg 1988 (17. Nachlieferung)

ders.: Untersuchungsergebnisse zum Sexualbereich im Kindergarten und Folgerungen für die pädagogische Praxis, in: Schüttler-Janikulla, K. (Hrg.): Handbuch für Erzieher in Krippe, Kindergarten, Vorschule und Hort, Landsberg 1987 (13. Nachlieferung)

Bernfeld, S.: Über sexuelle Aufklärung, in: Psychoanalyse und Erziehung, Bd. 1, Darmstadt 1969

Bittner, G.: Erziehung in früher Kindheit, München 1985

ders.: Die Sexualität des Kindes und ihre phasengemäße Erziehung, in: Haun, R. (Hrg.): Geschlechtserziehung heute, München 1971

Bonnekamp, R.: Wie sag' ich's meinem Kinde?, in: Theorie und Praxis der Sozialpädagogik, 1978/H. 1

Borneman, E.: Die Welt der Erwachsenen in den ‚verbotenen' Reimen deutschsprachiger Stadtkinder, Frankfurt 1976

Bott, G.: Erziehung zum Ungehorsam, Frankfurt 1970

Brenner, Ch.: Grundzüge der Psychoanalyse, Frankfurt 1969

Brocher, T./Friedburg, L. v. (Hrg.): Lexikon der Sexualerziehung für Eltern, Lehrer, Schüler, Stuttgart 1972

Deißler, H. H.: Der neue Kindergarten, Freiburg 1974

Caritasverband für Württemberg: Kindergarten-Elternhaus, Stuttgart 1982

Dresden-Coenders, H. M.: Sexualerziehung und Aufklärung in Elternhaus, Kindergarten und Schule, Kevelar 1971

Elschenbroich, D.: Kinder werden nicht geboren, Frankfurt 1977

dies.: Sexualerziehung im Kindergarten: Einstellungen und Gegebenheiten, in: Furian, M. (Hrg.): Sexualerziehung kontrovers, Fellbach 1978

Erikson, E. H.: Kindheit und Gesellschaft, Stuttgart 1965

Freud, S.: Gesammelte Werke, Bd. VIII, Frankfurt 1964

ders.: Gesammelte Werke, Bd. XI, Frankfurt 1966

ders.: Gesammelte Werke, Bd. XV., Frankfurt 1969

ders.: Drei Abhandlungen zur Sexualtheorie, Frankfurt 1975

Friebel, L./Fried, L.: Sexualerziehung im Kindergarten aus der Sicht der Erzieherinnen und Eltern, in: Kluge, N. (Hrg.): Sexualpädagogische Forschung, Paderborn 1981

Fuchs, T.: Die Reinlichkeitserziehung im Kanton Appenzell-Innerrhoden, Zürich 1969 (Diss.)

Gademann, L.: Sexualerziehung im Elementarbereich, in: Wehrfritz Wissenschaftlicher Dienst, 1977/Nr. 7

Gebhard, G.. Geschlechtserziehung im Kindergarten, in: Kindergarten heute, 1976/H. 1

Gerstacker-Zimmer, R.: „Die Hochzeit ist der Höhepunkt in Sirins Leben“. Geschlechtsspezifische Erziehung im Kindergarten, in: Akpinar, Ü./Zimmer, J.(Hrg.): Von wo kommst'n du?, Bd. 3, München 1984

dies.: Von der Nahrung, die Liebe ist. Sexualität und Zärtlichkeit, in: Akpinar, Ü./Zimmer, J. (Hrg.): Von wo kommst'n du?, Bd. 3, München 1984

Gerhartz, I.: Geschlechtserziehung im Rahmen der Gesamterziehung des Kleinkindes, in: Blätter des Pestalozzi-Fröbelverbandes, 1969/H. 3

Götte, R.: Baby, in: Götte, R.: Sprache und Spiel im Kindergarten, Weinheim 1984

Grossmann, W.: Vorschulerziehung. Historische Entwicklung und alternative Modelle, Köln 1974

dies.: KinderGarten. Eine historisch-systematische Einführung in seine Entwicklung und Pädagogik, Weinheim 1987

Haberkorn, R./Hagemann, U.: Wer sich nicht wehrt, kommt an den Herd. Wie ist das mit der geschlechtsspezifischen Erziehung im Kindergarten?, in: Welt des Kindes, 1984/H. 4

Häfner, C.: Geschlechtsstereotype im Kinderbuch. Das Verständnis der Mutter- und Vaterrolle in zeitgenössischen „Aufklärungsbüchern" für Vorschulkinder, Frankfurt 1986

Hasselblatt, U.: Aufstand in der Kinderstube, Düsseldorf 1971

Huppertz, N.: Beurteilung von Materialien zur Sexualerziehung im Vorschulalter, in: Unsere Jugend, 1974/H. 11

ders.: Bilderbücher für die Sexualerziehung im Vorschulalter, in: Blätter des Pestalozzi-Fröbelverbandes 1975/H. 1

ders.: Sexualerziehung in Familie und Kindergarten, in: Huppertz, N./Schinzler, E.: Grundfragen der Pädagogik, München 1976

ders.: Sexualerziehung als Aufgabe der Elternarbeit – am Beispiel Kindergarten, in: Furian, M. (Hrg.): Sexualerziehung kontrovers, Fellbach 1978

ders.: Geliebte Kinder – liebende Kinder, Freiburg 1981

ders.: Liebeserziehung im Kleinkindalter, in: Sozialpädagogische Blätter, 1983/H. 3

ders.: Sexualerziehung im Kindergarten, in: N. Kluge (Hrg.): Handbuch der Sozialpädagogik, Bd. 2, Düsseldorf 1984

Isaacs, S.:Sexual Development in Young Children, London 1933

dies.: The Nursery Years, London 1971

Jäger, B.: Theorie und Praxis vorschulischer Sexualerziehung, Stuttgart 1987 (Diplomarbeit)

Kentler, H.: Zärtlichkeit unter Kontrolle?, in: spielen und lernen,

1979/H. 3

Krenz, A.: Kindersexualität und Elementarpädagogik, in: Schüttler-Janikulla, K. (Hrg.): Handbuch für Erzieher in Krippe, Kindergarten, Vorschule und Hort, Landsberg (9. Nachlieferung)

Krug, M./Seehausen, H.: Ansätze zur Sexualerziehung im Elementarbereich, in: Theorie und Praxis der Sozialpädagogik, 1978/H. 1

Leboyer, F.: Sanfte Hände, Frankfurt 1984

Liegele, W.: Was ist christliche Toleranz?, in: Welt des Kindes, 1981/H. 3

Mause, L. de.: Hört ihr die Kinder weinen, Frankfurt 1979

Metzinger, A.: Geschlechtsspezifische und geschlechtsflexible Erziehung im Kindergarten, in: Wehrfritz Wissenschaftlicher Dienst, 1987/Nr. 35/36

Meves, Ch.: Manipulierte Maßlosigkeit, Freiburg 1971

dies.: Altersgemäße Sexualerziehung im Kindergarten, in: Wehrfritz Wissenschaftlicher Dienst, 1977/Nr. 7

Miller, A.: Am Anfang war Erziehung, Frankfurt 1980

Müller, E.: Integration türkischer Kinder in den Kindergarten – Ist Sexualerziehung ein Tabu?, Köln 1984

Niederle, Ch. u.a.: Bildung und Erziehung im Kindergarten, Wien 1987

Oertel, F.: (Hrg.): Elementare Sozialerziehung, Bd. 1, München 1982

Reinhardt, I.: Das Kind und seine Sexualität, in: Mörsberger, H. u.a. (Hrg.): Der Kindergarten, Bd. 2, Freiburg 1978

Schmidt, W.: Onanie bei kleinen Kindern, in: Zeitschrift für psychoanalytische Pädagogik, Jg. 1927/1928

dies.: Moskauer Kinderheim-Laboratorium, in: Antiautoritäre Erziehung und Kinderanalyse (Raubdruck), o. J.

Schmitt-Wenkebach, R.: Kindergartenrecht, Neuwied 1984

Schuh-Gademann, L.: Erziehung zur Liebesfähigkeit, Heidelberg 1972

Schüttler-Janikulla, K.: Sexualerziehung im Kindergarten?, in: Theorie und Praxis der Sozialpädagogik, 1971/H. 5

ders.: Sexualerziehung im Kindergarten, in: Schüttler-Janikulla, K. (Hrg.): Handbuch für Erzieher in Krippe, Kindergarten, Vorschule und Hort, Landsberg 1981

Spitz, R.: Ein Nachtrag zum Problem des Autoerotismus – Frühe sexuelle Verhaltensweisen und ihre Bedeutung für die Persönlichkeitsbildung, in: Psyche 1964/1965

Thiersch, R.: Sexualerziehung, in: Hundertmarck, G./Ulshoefer, H. (Hrg.): Kleinkindererziehung, Bd. 1, München 1972

Ussel, J. v.: Sexualunterdrückung. Geschichte der Sexualfeindschaft, Hamburg 1970

Utz, K.: Ansatz zu einer „integrierten Sexualerziehung“, in: kindergarten heute, 1984/H. 3

Verlinden, M./Haucke, K.: Einander annehmen, Köln 1984

Verlinden, M.: „Ich bin anders als du“, in: Theorie und Praxis der Sozialpädagogik, 1985/H. 1

Wichert, H.: Mein Körper – dein Körper, in: Welt des Kindes, 1981/H. 1

dies.: Erziehung zur Zärtlichkeit, in: Unsere Jugend, 1983/H. 10

Winterle, F.: Sexualität im Kleinkindalter, Frankfurt 1985 (Diplomarbeit)

Wolfheim, N.: Psychoanalyse und Kindergarten, München 1973

Jutta Althaus / Harald Hahn
Beate Reul-Friedrich /
Claudia Schön / Ingrid Volk

Kindergarten

Zur Entwicklung der Vorschulerziehung

Brandes & Apsel

w&p 6, 144 S., DM 22,80, ISBN 3-925798-26-8

150 Jahre Kindergarten, 128 S., w&p 27, ISBN 3-925798-47-1